Rebirth Effect

自己的人生就要自己定義
十位更生人重新定義人生的精采展現

面對更生　迎向重生

　　我是一個更生人，曾經四進四出監獄，看到很多受刑人在獄中因為收入非常少，成為家人的負擔，甚至被家人放棄，出獄之後也找不到工作，又重回犯罪的老路、形成惡性循環，所以當年我因為父親的力霸案而服刑時，在北監推動新媒體訓練班，就是希望提高受刑人的收入，讓他們能夠在獄中養活自己、甚至能賠償被害人、存點錢，服刑期滿後，有了一技之長也能順利找到工作，降低再犯罪的機率，可惜後來新媒體訓

練班因故終止，實在可惜。

在推動新媒體訓練班的過程中，我結識了「同學」張登凱(阿凱)，因販毒案入獄多年的他，是個很正向、積極努力的年輕人，我出獄之後，持續和阿凱通了40多封信，我不斷鼓勵他，「人因為學習而改變、人因為分享將愛傳出去」，阿凱非常爭氣，服刑期間除了順利完成國中、高中學業，還考取堆高機、長照服務員的執照，所以2021年5月阿凱假釋出獄來找我，我就安排他到熊媽媽買菜網工作，這一年多來，他表現非常好，除了本身的進貨工作，還參與熊媽媽的直播銷售，和同事相處也很融洽，領到薪水之後，他靠自己的力量重做一口因吸毒掉光的假牙，讓媽媽和年邁的奶奶都很欣慰。

更難得的是，阿凱懂得回饋社會，自己有能力後就持續做公益，買白米、保健品送到教會或教養院幫助獨

居老人、弱勢團體，還號召同事們一起投入公益、出錢出力，這樣的精神非常難能可貴，也讓我更堅信要持續幫助更生人復歸社會，一起加入傳愛的旅程。

我深信每個生命都值得好好被對待，從信仰的角度來看，好人、壞人是上帝決定的，只是環境造成他們一時犯錯，受刑人不過是穿著囚服的國民，有一樣的人權。而經過監所的矯正教化，更應該給予所有更生人重生的機會，不是用有色眼光看待他們。在阿凱之後，今年5月，東森也在更保會桃園分會引薦下，錄用一位更生人到物流部門工作，我也特別接見鼓勵他，以阿凱為榜樣，在東森集團好好工作，讓家人安心。

為了多方面給予受刑人、更生人機會，我很樂意提供東森集團的銷售平台，像是台東戒治所黑羽雞，以及之前和法務部、更保會共同推動北監銅雕班的藝術作

品，雖然因為單價高不好賣，除了賣掉一件，其他14件也由我們認購下來，擺設在集團對內、對外各區塊，還加上每項作品的創作故事，讓更多人認識這些作品。還有和更保會長期合作，以東森新媒體平台宣傳每一次更保會台北分會的「更生市集」之外，東森慈善基金會年末舉辦的「送愛到部落」活動，也邀請更生市集到東森總部，其中有位製作手工蛋捲的艾格諾先生，雖虛度18年鐵窗歲月，幸好在出獄後，憑藉復刻記憶中阿嬤溫暖的味道，創造不加一滴水的美味蛋捲，他就多次到東森各關企設攤，也參加東森新媒體ETtoday好朋友生活節的市集，都創造很好的銷售成績，翻轉了他的人生。另外，像當年我在北監協助促成「玉山沙畫」掛上高雄圓山大飯店，現在已經成了熱門打卡景點。

　　我相信這些事對受刑人、更生人都會帶來莫大的鼓

舞，就如同這本「重生效應」介紹這10位更生人的故事一樣，他們曾經誤入歧途、走偏了，但也都付出代價，接受應有的懲罰，他們願意改過、悔悟，公開自己的故事提醒社會大眾，走偏門、妄想不勞而獲都是錯誤的，傷害的只是最愛自己的父母、家人，轉念之後，出獄好好努力，人生總會有機會開闢出不一樣的路，就像其中一位更生人所說的「當人生找到了希望，我相信循著光明，有一天，生命自然也會開花。」我期盼所有的更生人不再是社會的邊緣人，得以重新出發，回歸職場，而當大家願意給受刑人、更生人更多愛心與包容的空間，社會才會更祥和。

就像我在九二一大地震之後，「能為災民做些什麼？」這念頭觸發了東森慈善基金會的誕生，至今超過20年傳愛的旅程從未停歇，從關懷原住民孩子開始，

「愛的早餐」讓超過三萬名學童不再餓著肚子上學；年末「送愛到部落」為偏鄉學童募集耶誕禮物、幫助他們發展才藝；東森獎學金為征戰世界各地的台灣之光們，像是網球好友詹詠然、詹皓晴姐妹，旅日圍棋女棋士謝依旻、高球國手李旻…等，長期做他們最堅強的後盾，以及幫助罹患身心障礙的生命鬥士持續求學，讓他們能勇敢追夢；也為安養天年的銀髮族獻上關懷與愛心、東森農場則幫助全台各地小農…，需要在哪裡、東森就在哪裡，「公益，是東森大家庭永遠的志業」。

東森集團總裁

王令麟

ONE系列書籍，執行到目前已經超過70多位，來自於各行各業，跨國家、跨行業、跨領域、跨性別、跨年紀，並在台灣、馬來西亞、印尼、緬甸、中國都能看到系列書籍的曝光效應。能統籌及發行ONE系列書籍著實是為一種榮幸，除了能透過每一位作者的生命故事，傳達出正能量及善信念外，更加重要地是能藉由書籍文字的力量，記錄每一個生命的經歷，也體現出：「每一個人都有不一樣的人生經歷，每一個人都有最精采的故事」，重要地是能透過文字記錄下來，這是

最有意義的事。

　　這一本「重生效應Rebirth Effect」，原本書名想取為：「更生行者」，在經過與多位更生朋友及教誨師互動後，決定把更生這二個字拿掉，主要是想透過本書的十位作者，來跟所有的朋友與讀者傳達，從我們成長到出社會的過程，我們每一個人在有形及無形之中，都會被貼上各式各樣不同的標籤。像是：你好笨、你好壞、你怎麼教都教不來？ 或是 你好聰明、你好棒、你學習的真好！ 其實，在每一個人的生命及生活裡，處處都充斥著被別人貼標籤，或是貼別人標籤的過程，而「更生」其實也是一種貼標籤化的事實。

　　所以，本書就希望能透過這十位作者親身的經歷，來跟所有的讀者分享，他們是如何？ 有智慧的轉化思維，把人生過程中被貼上錯誤的標籤給撕掉，然後，也要能為自己貼上正確的標籤。當我們能自己辨別什麼是

正確的標籤時，透過行動的付出及驗證，更重要地是能在對的時間、對的地點、和對的人相處時，也能適時地給予對方，一個肯定充滿正能量的標籤。如果，這十位作者都能透過本書，學會去面對過去，並接受過去所發生的一切！並且，在他們人生最寶貴的光陰中，付出了該付出的代價與責任，在人生重新出發的時候…能夠讓自己活出更為精采，更加不一樣的生命，這或許就是從更生到「重生」的過程。

我一直在想？如果，這十位作者都能徹底地洗心面對，都能革心付出，都能排除外界所有異樣的眼光，重新定義自己，重新為自己貼上自己要的人生！如果，這十位作者都做到了，那我們還有什麼理由及藉口呢？讓我們一起來向這十位作者看齊，從他們的身上學到如何重新定義自己，每一個人都能讓自己「重生」，無論你身在何處？目前碰上什麼樣的挑戰？我

們都希望，可以透過這本「重生效應Rebirth Effect」，

讓更多人的人生帶來更不一樣的效應！

華人出版經紀人

卓天仁

Rebirth Effect 重生效應

自己的人生就要自己定義
十位更生人重新定義人生的精采展現

楊國輝 ／ *100*
詐騙主腦洗心革面
創業做「百元宿舍」助更生人重生

廖國斌 ／ *118*
願老有所終
前毒販設四安老院　照顧300孤老

劉文中 ／ *136*
送愛心餐雇用更生人
浪子回頭獲頒好人好事

Rebirth Effect 重生效應

自己的人生就要自己定義
十位更生人重新定義人生的精采展現

關懷身心障礙育幼院
重返社會從法拍屋翻身

何金樹

何金樹 個人簡介

姓名：何金樹 / 1988年次

案名：強盜罪，判刑20年

民國九十九年七月服刑至一百一十年六月假釋出監，宜蘭看守所（收押）、台北看守所（上訴）、台北監獄（發監執刑）、八德外役監（出監）

獄中優異表現：

曾於台北監獄六教區砂畫室及藝術班進修，擔任美工室服務員，負責活動布置及相關美編，以及協助長官製作美編類別等文書工作。期間獲得矯正署出立繪本，繪畫比賽，文康活動、徵文比賽、投稿比賽，歌唱比賽，籃球比賽，春節花燈、作業獎狀等四十餘張獎狀，榮獲提報模範受刑人。

現任：

松燁有限公司團隊成員、河樹有限公司房屋仲介團隊成員、奇樹室內裝潢公司負責人

曾任：

旺來人力公司負責人

座右銘：

「老天爺不會給我們跨不過的考驗。」知道我們辦得到，才會賜與我們磨難～

　　有時候，老天爺之所以不停給我們磨難，只是想確定我們到底有多想要做到這件事。因為，太容易得到的，總是不容易被珍惜；太簡單辦到的，總是更簡單被捨棄。正能量萬歲！

　　「那時候，我想說我就自己一肩扛下所有的罪就好了，我自己算一算大概頂多4年、8年了不起吧？沒想到一罪一罰的結果，我總共被判20年！天啊！20年！被宣判當庭收押的時候，法警帶著我，行經我母親面前，我雙膝一跪，跟媽媽說對不起、我錯了！我太自私了！」含著眼淚離開法院，難捨心痛的母親，也開始細數自己年少輕狂。

人力仲介竟變搶劫公司
遭判20年才醒悟

　　「我從來不惹事、而且我的強項是交朋友。」這句話是我對自己的註解，個性開朗的我，也因為愛交朋友，誤以為自己踏上了發達之路。

　　77年次的我，就讀五專時期時，活躍於各大專院校，有一天在網路上求職要應徵工讀生，我毫不遲疑地去面試。面試的時候，公司職員提及還缺30個工讀

生，身邊有一大堆朋友的我，自告奮勇說：「我可以處理。」不一會，我真的搞定了！後來，只要公司需要人力，就找我幫忙，例如：演唱會工作人員、車流量技術員、發傳單等等，最高紀錄一次找了200人，從沒讓公司失望的我，因此被看見！公司說，不如我把案子都承包給我，我負責找人。

　　於是，我的「動員」能力，讓我在19歲那年創業，成了人力工程公司的老闆！徵人對我來說一點都不難，有時候寫個紙板、拉個小板凳去學校門口徵人，一下子就搞定，因為最閒、最缺錢的就是學生，找學生當工讀生一點都不費力。我也間接開始參與政治活動，畢竟選舉非常需要人力，一次搞個三台遊覽車的人力，完全難不倒我，這也成了我的工作選項。我甚至把政治人物當成我的人生樣板，希望自己的未來就像這樣可以飛黃騰達。

　　人多，就會是非多，這句話一點也沒錯！公司經營了三年之後，越來越複雜。

　　我的本業是人力工程，每天得出動50人去工作，每天的案源不一定，到了後期變成工廠鐘點工、工地粗工性質居多，短期工讀就變成比較少。每天繞著一堆人，喊著我老闆。不知不覺，我的週遭多了一些非本業的年輕人，也就是所謂的「小弟」，我似乎也成了某種「大哥」，有點飄飄然。為了讓這些員工有事做、有錢賺、不散掉，我出錢開檳榔攤、小賭場、小額高利貸，雖然本錢是我出的，但我從來沒有獲利分潤。在我眼裡，我是靠人力工程的本業賺錢，而不是其他的偏財賺錢。錢賺到了，我卻沒把底下的人顧好，最後牽連了我自己！

　　「第一次是底下的小弟去搶劫，第二次是搶詐騙集團的車手，我都不以為意，我甚至還會開玩笑地說哪個地方沒做好，怎麼這麼笨？下次應該要怎樣改進才對。」我整天都覺得我在替天行道，不是這個來拜託我幫忙，不然就是另一個來說自己被欺負需要幫忙討公道，在不然就是誰誰誰欠債不還要幫忙討回來……我每天都覺得「我在幫助人」，現在回想真是好笑。我的不

自覺、沒作為，再加上我的「補充說明」，讓小弟誤以為我認同他們的行為，他們也就更肆無忌憚的去犯罪，沒想到我的輕忽，竟釀成大禍！

當時，宜蘭縣在7月份連續發生3起結夥強盜案，警方追查鎖定我的小弟，當警方來到我公司時，我還搞不清楚狀況，我一起被抓走的時候，才知道小弟的劣根性牽連到我，我甚至被警方視為主謀。我知情卻沒有阻止他們，也沒有給他們正確的指導和方向，我自認我失責，因此我決定一肩扛下所有的過錯。之後，我的官司打了一年多，媽媽賣掉房子，請了三個律師依舊無力回天，「我那時候因為遇上黑吃黑、多案併罰，被判20年！我被判刑20年時，我媽媽淚眼婆娑，我跪著跟媽媽說我以為這就是義氣，媽媽都沒有罵我，只是一直流淚，我跟她說我醒了，我自以為這是義氣，但我卻很自私，我都沒有想到您……」一想到媽媽，我依舊是滿心虧欠。

自覺躲不掉的我，23歲那年，入獄了。

立定志向專攻房地產
入獄後開始勤奮向學

「我那時候一聽到判刑20年，我想到我的人生黃金期，就要在獄中度過了，所以，我一度以為我的人生要毀在監獄裡。表面上，我很快就融入環境，但內心裡，卻不容侵犯！」我那時候睡的是大通鋪，不到4坪、睡20多人。有一天來了一個猥褻犯，他長的斯文、白白淨淨，一般來說，這樣的罪犯通常最容易被歧視，但是我以平常心待他。有一天，他跟我借筆，隔天他還我筆的時候，卻拿筆戳了我肛門，我嚇了一大跳，非常不高興！我質問他幹嘛？他說他只是還我筆而已。我再質問他戳我身體什麼部位？他居然一副無所謂地回我：「我只是戳一下屁股而已啊！」我雖然不欣賞他，但我不欺負人、也不容別人侵犯我，聽到他那句話，再加上他的態度，頓時激怒我！於是衝突發生了！

「我當時整個人爆炸，失控到拿筆反戳他的額頭！

其他人見狀隨即拉開我們兩人…」我冷靜之餘，暗思完蛋了，會不會被判違規了，而延遲我的出獄時間？好險我在獄中人緣不錯，再加上他有錯在先，最後和平收場。這件事也讓我頓時醒悟到：如果我選擇不再走老路，那出獄後，我還能做什麼？念頭一轉，從那一刻開始，我很珍惜時光！

這輩子最認真唸書的時候，就是在監獄了！在監獄的作息時間非常固定，什麼時間、該做什麼事情，都是規定好的，所以，我能把握讀書的時光，就是清晨6點半起床前的一小時，還有傍晚6點後到晚上9點半就寢前的這3個半小時。在這兩個時段裡，我把時間專注在房地產相關書籍上。我一開始是研讀和地政有關的書籍，後來又看了不動產經紀人的書，接著開始鑽研房子的部分。有了基底之後，因緣際會接觸到法拍市場，然後我就去買了5本書，才有了基礎的認識。

但是這因為房屋仲介這部分，可能要從業務開始，我還買了成交心法之類的書籍，幫自己做功課。後來考

取不動產營業員執照，就等一年後再考不動產經紀人的執照。我因為表現良好，在入獄後第7年就可以轉到外役監，可以跟社會接觸。當時，我第一天就是馬上回去家探望媽媽，第二天就是去仲介公司學習不動產的事情，完全不想浪費多餘時間！直到第11年，我可以假釋出獄時，全家人都來迎接我，平常不打扮的哥哥特地穿上西裝，盛裝迎接我；雖然媽媽沒有多說什麼，但是她的激動全寫在臉上。

　　回到家中，面對家中景物，我百感交集。與其說這是「家」，嚴格來說更像是棲身之所。因為媽媽當年為了我的案子，把房子賣掉，請了三個律師來打官司，即便我自己知道這是場徒勞無功的戰爭，但是媽媽從來沒有放棄！我們家也因為我而家道中落，現在借住在親戚家的老厝，所以每當我回到「家」，總是近鄉情怯、人事已非的感觸。

坦承自己的過往
相信真誠可以帶來回報

既然出獄了，人生的另一段，才開始。

正如我所說的，我入獄第一年就設定未來要在出獄之後，就以不動產為主，所以我成立不動產公司，以法拍為主，另外有仲介和室內裝潢，完整的一條龍服務。我的松燁團隊服務項目有房屋租賃、房屋買賣、法拍屋標售。租賃部分主要營業區域為雙北地區，但房屋買賣，法拍標售項目不受限，所以不論北部、中部、南部，只要有案件我都非常願意為客戶服務，再遠都不是距離！

對於更生人這件事，我不隱瞞，因為光是法拍屋這件事情，就是一種標籤。

很多人聽到法拍屋業者，就沒有好印象，尤其從標案到完售這部分的法律流程、人事問題、產權問題，都由我負責溝通和執行，所以常常要面對「海蟑螂」、「黑道」的刻板印象。在我的產業鏈裡面，不管是買

方、還是法拍物債務人、法拍物住客，我最常被問的問題就是：「你是黑道嗎？」面對這個問題，我自己也很徬徨。我自己是不酒、不檳榔、不嫖、不賭，偶爾才會因為工作應酬才喝酒，因為我怕喝醉。所以，對黑道來說，我這類型的人格格不入。但是投身到正常社會之後，從事正當工作，又被一般人認為我是黑道。「我到底是怎樣的人？」這個疑問，我有時候也會自問，唯一明確的是，「裡外不是人」是我最深的感受！

「武器本身沒有錯，錯的是使用的人！」我過往的獄中經驗和法律知識，讓我看見社會底層的人生百態，也成為我人生第二階段的重要養份，它讓我知道如何和人溝通和協商，避免不必要的衝突和糾紛。所以在面對質疑的時候，第一件事情，我先想辦法展現專業。第二件事情就是，坦白。只要是認識的人，對方願意和我對話，我就主動坦承自己的過往。我很開心做這樣的事情是因為，「不隱瞞」是我的本性，但在買賣的過程中，「太坦白」卻讓我碰壁、吃了點虧，我才開始修正。

　　不過，我始終相信真誠是可以帶來回報的。

　　有一次，我在賣房子，帶著客人去看屋時，我一開口就先點出這間房子的缺點，像是嫌棄設施、老舊公寓沒電梯、老屋漏水問題、沒有停車位等等問題。買家聽了傻眼，直說：「為什麼我一進屋子，你就直說缺點？你怎麼沒先說優點？」他覺得很詫異，一度懷疑我是不是不想賣房子了？我回答他：「壞的部份我一定要先告訴你，那壞的你都可以接受了，那好的部分不用我說，你也能夠感受到。」後來，那個案子最後順利成交。

 ## 走過黑暗，更想為弱勢帶來光明

　　在坐牢的期間，我發現監獄中有四種人：

一、把犯罪當作謀生工作的人。

二、生病的人，例如毒癮、性侵犯。

三、一時做錯決定的人。

四、骨子裡就是壞，放出去就是做惡，不意外他會

再進來的人。

　　不管是哪種類型，物以類聚是人的本性，同類人總會互相吸引。我自認我屬於第三點，尤其出獄之後，我一直希望可以透過行善來幫助弱者，我號召每月行善之後，不少親朋好友願意共襄盛舉！我希望捐贈者不要有心理或經濟負擔，上限是一千元，不管捐錢也好、自己買物資也好，只要是能力所及即可。長長久久行善下去，才是我們的初衷。

　　我們幫助的對象是育幼院。育幼院多數分為兩種，一種是孤兒、一種是身心障礙，我們選擇身心障礙的育幼院，因為這些孩子更弱勢，通常對方的物資清單，預算是8、9萬元左右，我們也是盡力就好。我每個月在全台北市不定期挑選，看誰比較需要就幫助誰。這件事情推動了半年後，我又回到我第一次捐助的育幼院，沒想到身心障礙的大朋友們，看到我們居然叫得出我們的名字！「我眼淚都快要流下來了⋯⋯」我們能力所及的一個小舉動，對他們來說是多麼的珍貴，這些大孩子記得

我們的好，這份感動，成為我們堅持行善的原動力。

站在人生的十字路口，其實，我們都有兩條路可以選擇！

利用過去的經驗對別人做出貢獻，或者，被過去的經驗利用，墮入重蹈覆轍的輪迴。我們可以為別人帶來黑暗，也可以把黑暗變成光亮；我們可以成長向上，也可以向下墮落，一切在於選擇！

《鹹水雞的滋味》獲獎 意外成為微電影攝影師

回想過去那段牢獄歲月，那個不自由的狹小空間裡，我竟也意外開啟自己的潛能。

我學畫畫、素描，學了三年之後，開始學水彩油畫，我才發現原來我有畫畫的天分。另外，因為性侵案於2015年入監服刑的導演張作驥，他擅長捕捉社會底層人物心境，過去像是《黑暗之光》、《美麗人生》、

《當愛來的時候》、《醉生夢死》，都是得獎作品。後來，張作驥和矯正署合作，拍攝微電影片《鹹水雞的滋味》，還拿下第19屆台北電影節「最佳短片」，創下矯正機關得獎首例！而我，就是這部微電影的攝影師，電影情節就是真實呈現我們的生活。

我想，我人生的大徹大悟，就從這6坪大的角落，開始發芽。

「……年輕氣盛，然後發達的太快，所以有點飄飄然。認知太輕，不知道後果的嚴重性，所以害慘了自己……」因為曾經荒唐，經過好長一段歲月更迭才換得現在一心篤定，這些年很早就立志財富自由，做有意義的事情，希望能讓家人過上好日子亦可以讓自己無後顧之憂，率性而為幫助別人。這與遇到了人生中的貴人之一魏叔有關，是他耳提面命以及導引，促使我除了為自己努力積極以外，也發善心幫助他人。《靜思語》曾說道：「手心向下是助人，手心向上是求人，助人快樂，求人痛苦。」幫助別人是實踐愛與感恩的方法，為此，

我正努力成為一個手心向下的人。

一個快樂的人，就是知道自己位置，並且能安於自己位置的人，我們都像在生命舞台上的演員，不管站在什麼位置，都該扮演什麼像什麼。回想起求學階段的自己，常因為調皮被分到教室的前排座位，其實坐在那邊，原本應該是聽講的最佳位置，我卻都一路曚混到出社會。經過歲月的積累以及苦難的砥礪之後，才發現，不管唸的是什麼學校，即使坐在最好的位置卻不認真，那比坐在最爛的位置卻用功認真的人，更沒有收穫。

幾經體悟之後，我告訴自己：「最好的位置，就是現在所在的位置，做好每件事！」

為犯錯贖罪之後
更要想辦法成為更好的人

我們每個人為生活所努力的過程，本來就是孤獨的，曾看過一本書《享受孤獨的勇氣》裡頭內容提及：

「改變自己的契機，就是從懂得面對孤獨、享受孤獨開始。 從這麼想的那刻開始，你的人生將出現巨大轉變！」尤其在疫情嚴峻時刻，公司一個人都沒有，外面正下著大雨，滑鼠聲伴隨著滴滴答答的雨聲，此時的我頗有感觸：「孤獨是最棒的朋友！」

於我，努力的過程是獨處的，有時，在車子的空間裡、在夜裡的沙發上，一個人獨處時，我會瘋狂循環著某首歌。有些歌，適合給有故事的人聽，往事有時會不自覺一一回播，這無關故事好壞，因為有爛故事才會懂得創造好故事；不必為過去感到後悔，但要清楚為什麼掉眼淚？因為，我們都要成為更好的人。

作家馬克·吐溫曾說：「人一生中最重要的兩天，就是出生那天和發現人生目標的那天。」 我熱愛我的工作，享受努力的當下，感念家人讓我無後顧之憂可放手一搏，感謝能夠身處在團隊中相輔相成，感恩每一個貴人出現在生活中提攜扶持，因為有你們，促使我得以睜開眼到閉上眼都徜徉在追夢的過程裡。

　　我堅信，我不是鹹魚，我正走在實現夢想的道路上⋯

酒後誤殺人悔不當初！
獄後凡事吞忍盼給家人幸福

林孟偉

林孟偉 個人簡介

姓名：林孟偉 / 1980年次

案名：殺人罪，判刑16年

民國100年7月服刑至109年11月假釋出監，土城看守所收押，宜蘭監獄服刑後轉至台北監獄學生隊就讀高中部，八德外役監出監。

獄中優異表現：

文康活動、歌唱比賽、籃球比賽、作業獎狀等十餘張獎狀。

現任：

荔淓工程股份有限公司合夥人，孟家工程行負責人

座右銘：

「不要在意過去的失敗與困境。」

　　該在意的是未來的路應當如何走下去，把握每個可以利人利己的機會，盡自己的能力為這個社會作出一點點貢獻，讓這個世界可以更美好！

「我畢竟被關過嘛！不想再浪費10年的時間。」年輕氣盛的時候，動不動就是大呼小叫、拳頭相向；現在經過牢獄的洗禮，換成是別人對我大小聲，為了求生存，我也是只能摸摸鼻子、先道歉再說，為了生活、為了生意，有時候換我當一下「俗辣」，只要心態調適得過來，放軟身段有何不可？！

思維有如此180度的大轉折，是因為10多年前的一場誤殺，給我的教訓！

為小姐出氣
酒後失控開槍誤殺遭判16年

民國94年，有一名汽車修理廠老闆因愛上我帶的酒店小姐，那名小姐因為外貌美豔，所以在我們那一行小有名氣，那名修車廠老闆和我的小姐成為男女朋友後，他就希望女友不要上班，但是我的酒店小姐家境不好，所以不想放棄酒店工作，兩人就時常為此爭執，吵著吵

著，我旗下的小姐就負氣離去。

那修車廠老闆就來我家找人，我想說大家喝個酒、緩和一下氣氛，所以我還找來其他朋友一起開心喝酒，本來想說可以藉此讓兩人好好相處，但沒想到黃酒下肚之後，大家的情緒都來了！大家從講話越來越大聲變成一言不合，發生肢體衝突，我又剛好想到我旗下的小姐有時候會被這男的動手動腳，我也忍不住動氣，想幫小姐出氣教訓他。

當時，雙方一陣混亂，我拿出手槍本來只是想防身，但也因為酒氣上身，我一時控制不住情緒，竟失手開槍誤殺了對方，警方隨即到場，我也因此就逮，交保候傳。當時，我25歲。

原本一審是以加工自殺等罪起訴，一審被判刑7年6月。二審依殺人等罪判處20年，官司前後打了6、7年，最後三審判處16年定讞。清醒之後，知道自己犯下重罪，悔不當初！

常因原住民身分遭嘲弄
自認伸張正義常打架度日

　　有些人小時候本來是乖乖牌，但是一直被霸凌，所以他才會想要武裝自己，所以結交幫派；有的是比較愛玩、誤交損友，結果誤入歧途；還有一種是他的父執輩本來就是跟黑社會有有點關係，所以很自然地就會走上這條路。但是我跟這些人不太一樣！

　　我是原住民，我幼年時期是在花蓮的部落無拘無束地長大，之後因為父親去台北工作，所以我大概是國小3、4年級才轉到台北就讀。到台北唸書之後，可能原住民比較少，所以我一直到國中都會被霸凌，再加上因為「原住民」的身分，受不了別人的異樣眼光，所以特別容易覺得就是被挑釁，尤其學生時期曾經被霸凌所以特別想反擊。再加上我的個性就是有點雞婆，看到弱小被欺負，我就會想出頭去保護他們，總覺得自己是站在正義的一方。所以，到了高中我就休

學出社會了，出社會之後，我就加入幫派當了酒店經紀，我的個性海派又年輕氣盛，愛逞兇鬥狠的個性，在不知不覺中戾氣越來越重。

此外，有些事情只要是我看不下去，我就會跳出來處理，個性好鬥再加上血氣方剛，所以，「打架」這件事情根本就是我的家常便飯！

我記得有一次，我看到一個同學被欺負，我見義勇為嚇阻欺負他的人，沒想到對方竟再找來哥哥和其他同夥，把我拖去廁所打了一頓。我從部落來到台北，沒有什麼親戚朋友可以依靠，不像他們動不動就可以撂一票人，成群結黨來助陣，從那次被圍毆挨揍之後，我就告訴自己不要再被欺負！

我的爸爸是公務員，個性中規中矩，我很有主見又叛逆，算是家裡最不聽話的，不讀書又加上結交一些壞朋友，10幾歲的時候特別衝動，喜歡就很容易惹出事端，甚至為了挺朋友，就和其他朋友拿著西瓜刀出門去打群架。「幹架就是這樣啊！人家抄傢伙，我當然也要

拿啊！對方拿西瓜刀、開山刀這樣的武器，我也要拿一樣大支的，不然怎麼跟對方打架？」記得有一次去打架，就在混戰之中，發現自己右肩被砍傷，但是被砍到的時候，真的來不及想！「還能怎樣？當然就是砍回去！」因為當下不反擊，就只剩下挨砍的份了！

拉幫結黨又好鬥的下場，不是傷人、就是傷到自己。

轉念改脾氣！
入獄後首重修身養性

官司打了6、7年，三審定讞之後，入獄在即千頭萬緒，心情真的糟透了，一想到妻小就非常不捨！「小孩顧好來，萬一妳遇到更好的人，就算要離婚，孩子不想帶，那就交給我父母，那我也祝福妳。」我的老婆還年輕，一個女人要等我11年，她的青春我也不好意思擔誤，但說這些話的時候，我卻也是心如刀割，心裡萬

般放不下，即便心裡很愛她，卻也不敢自私要老婆等我出來。

　　儘管我的脾氣如此，我的女友始終對我不離不棄，殺人案的隔年，她點頭嫁給我，成為了我的太太，後來還生了女兒。妻小的存在，成為我的心靈支柱，才讓我有辦法在監獄中好好走下去。老婆就這樣帶著女兒，一路守到我出獄。這一守，就是將近11個年頭！

　　「再怎樣，日子也得走下去！」記得剛入獄的時候心情糟透了，也是因為老婆和孩子，讓我決心洗心革面，好好改變自己的脾氣，提醒自己千萬不能再走回頭路！會面的時候心情算是平靜，反而是在書信往返時，信的內容比較讓我容易覺得感動。「我會在家裡默默支持你，你要堅持下去，我等你回來。」每每看到老婆這樣的字句，就讓我心頭一酸，只能強打起精神，她的書信永遠是我堅持的動力。

　　我知道，我的錯誤來自我的脾性，因此，修身養性是我入獄很重要的課題。除了妻小之外，信仰是我重生

的另一股動力。

　　每天在獄中都是過一樣的日子，久而久之會覺得快被逼瘋，監獄其實也很像是一種小型社會，人與人之間的相處難免也會有摩擦和爭執，而信仰的力量在不知不覺中，把我的暴烈脾氣給磨掉了。閱讀聖經可以洗滌心靈，聖經就像是鏡子般，照出內心深處的隱情；如同糧食般富足人心的飢渴，也像鐵鎚能打動人心的剛硬，是無價之寶比黃金彌足珍貴，更可以是一顆種子從心田發芽茁壯！

　　「舊事已過，一切都變成新的了！」這話出自於在《聖經》哥林多後書5:17中，原意描述：「若有人在基督裡，他就是新造的人，舊事已過，都變成新的了。」這個「舊」指的是我們以前舊有的本性，例如：喜惡、驕傲、犯罪、依靠……等等行為，甚至包含以前的觀點和習慣。而這個「新」指的就是我們拋了過去種種，成為全新的自己，對世界的看法和理解將和過去截然不同。

簡單一句話，對我而言就是「重生」。我知道我可以捨棄過去，我也知道有一天我會出獄，出獄之後我要成為一個不一樣的人，我不要再過以前那樣的生活，這樣的想法深植我心，幫助我不要放棄自己！

回歸社會「要讓家人幸福」 咬牙做工半年後開工程行

終於熬到出獄，「十年河東、十年河西」是我的心情寫照，人生在世如風雲變幻，世事難料、變化無常，和社會脫節10年的我，這世界變化得好大！例如現代人人手一支的智慧型手機，對我來說，一開始可是個讓我頭疼的工具。尤其通訊軟體APP還是我請孩子幫我下載、教我使用，畢竟我的手機時代還停留在NOKIA那種GSM900/1800雙頻行動電話中。此外，我也不太會搭捷運，還不如自己騎機車，但是騎機車也是有點小痛苦，因為道路和建築物都有變化，我也不太認識了。一

切的一切，都變得既熟悉又陌生，慢慢適應中。

　　坐牢的時後每天等出獄，出獄之後，重回現實社會，這次我不是一個人，我還有老婆和小孩要養，退休的父母也需要我照顧，每天一張開眼就是要用錢。此外，出獄後年屆40歲，到了中年我才去做第一份所謂「正常」的工作，如果沒有進去關，我早就累積我的人脈和資源，如今我卻在這個年紀歸零、從頭開始打拼事業，壓力不小！

　　出獄之後，一開始我是做粗工，這種比較沒有面試的問題，而且是可以馬上就可以上工，當天就可以領薪水，即使不是硬也是得咬牙忍住。後來，我進入拆除業開始工作，有些更生人出獄後會一直碰壁，但是像我這種勞力型的工作，就比較不在乎有沒有前科，反而在意的是你有沒有辦法做？

　　但與其懊悔早知道當初不要那麼衝動，不如更拼命把一切賺回來！

　　我始終相信一件事情：「只要有心，自然還是會有

一片天！」

　　為了讓生活過得更好，在短短的6、7個月時間裡，我在職場上不斷海量的學習，尤其做工的，有些師傅是會藏步的，要能鉅細靡遺地學好功夫，「不恥下問」是很重要的關鍵！「不知道就要問，人家不願意教，就是要偷步，然後要會察言觀色。電影台詞說只要有心，人人都可以變食神，大概就是這樣的意思！」一個人想不想成長，端看自己的企圖心到什麼地步？有些人做工，它可能就是一輩子做工，這沒有不妥；但有些人他就是想要當老闆，那想往上爬是不是就要準備，當機會來的時候，你也準備好了，才有資格不錯過！

珍惜每一次機會
用專業與態度守住新舊客戶

　　我知道我想要過怎樣的生活，我有企圖心、我想開公司、我想當老闆，我希望我的家人可以過得更好，所

以從我當工人的那一天開始，我就是以「老闆」的心態在努力，所以我的工作態度絕對和一般的工人大相逕庭！當別人看到我的轉變，才會願意給我機會，所以機會不是等出來的，而是自己爭取來的！

唯有客戶看到我的轉變、我的專業，才會對我有所肯定！

現在的我和弟弟合開一間工程公司，以拆除業接案工作為主。我也是從一個普通工人開始學，我摸清楚所有的流程之後，才出來創業。但是進階到想要包工程，眉角可就更多了！「專業」當然是第一要件，所謂術業有專攻，業主會比較、客戶也會比較，包含服務態度、工程精細度，差一點就是有差別。

「時間」和「信譽」也是關鍵。有一些工程進度如果沒有在合約期限內完成，有可能會賠錢，萬一再遇上不好請款的公司，款項沒有下來，我也是得如期發薪水，畢竟工班師傅也有家累，一家老小靠他嗷嗷待哺。這些都是創業者的壓力！我浪費了10年光陰，所以我很

珍惜我現在的事業，一路戰戰兢兢，現在案子也慢慢穩定，即便我的公司不大，但收入也比之間做工來得多。但畢竟是創業，要有案子才會有錢，我底下的師傅也才有工作可以做，所以我得努力接案，才有機會生存。

　　我非常珍惜我每一個客戶，尤其是新客戶，我要求自己要做到讓客戶看見我的用心、我的服務品質，生意才能細水長流。

　　別看拆除業好像是大手大腳拆一拆就了事了，如何「拆對」物件讓客戶安心，這點非常重要！像我在拆除的時候，打掉木材裝潢、水泥RC牆這些東西都是家常便飯，但是有些RC牆裡面是有埋管線的，沒經驗的或是功夫不到位的，一個不小心就是直接淹水，如果沒有及時關水，那就真的完蛋了！之前有個同業就是敲破水管，漏水漏到樓下，樓下是幾百萬的裝潢，那個師傅真的賠死了！尤其在台北市，隨便一間房子都是好幾千萬，裝潢也是幾百萬起跳，只要漏水，接一個案子賺的錢根本不夠賠給對方。

　　像我們在工作的時候，常常是光著上身、渾身髒兮兮，有時候屋主或是業主看我們很辛苦，買瓶飲料請我們喝，客客氣氣說聲：「辛苦了！這年頭像你這樣仔細的工班不多了！」簡單一句話，傳到內心的那種感動和感謝，真的難以形容！

　　我覺得除了賺錢以外，幫別人做到完善的服務，對我而言，不只開心也充滿了成就感！

肯做＋能做＋不怕髒苦
更生人也有機會出頭天

　　很多更生人對於重返社會這件事是充滿憂心的，像我自己因為不是當上班族，而是選擇以勞力為主的行業，所以遇到歧視的機會比較小。在工地工作，你有沒有前科可能不重要，反而是你的工作態度和體力能不能負荷，才是最大的問題！

　　尤其現在是缺工潮，人力嚴重不足，更生人願意加

入這個行業，只要他有手有腳、肯做不嫌髒，一定有機會！

　　做粗工，溫飽一定沒有問題，前提是你肯不肯做？肯不肯學？只要你願意學習、願意上進，當工頭、當老闆，難道靠勞力做工的人就沒有機會出頭天嗎？我不這樣認為！

　　像我的工班，也是缺人，也不一定需要固定的人手，有人願意來做的話，我都非常歡迎！但是10個人有8個人，做幾天就受不了而辭職，因為真的太累了！我們一天工作8小時，一般工人一天1800元，師傅一天有3000元，但是要清運拆除後的磚塊、RC塊，如果你是師傅做個20天，薪水就有6萬了，根本不輸白領階級。但是，在我們這一行，就是要先從粗工做起，然後才能進階到師傅、再進階到打石師傅。

　　我也是這樣苦過來的，尤其近年的行情，師傅工資調漲到一天3500元起跳，甚至厲害的師傅一天還有4000元的價碼。所以，你要能吃苦、又要有體力，不然真的

沒辦法做這個粗活，我看過太多做幾天就嚇到不敢來的人，這種例子不勝枚舉。

拆場的案件有大有小，短則3天、長到1個多月的都有，要拆10天以上的工程就算是大案子！必較特別的是，很多百貨公司拆櫃都是晚上在施工。但讓我印象深刻的，就是南京微風廣場，我負責拆除10樓的部份，那一拆就是10多天。因為樓下是健身房，樓上是夜店，那次拆場就要很小心，所以我出動小山貓和小怪手去拆除，不然用人力拆除，在限期內根本拆不完！

轉念！這不是懲罰而是禮物
10年牢獄生活導正我

10年的牢獄生活，說是浪費，倒也從中學習許多。

「畢竟要和獄友朝夕相處，人和人之間的相處是我需要重新學習的地方。」我一直思考如何讓自己的格局更提升，我相信一個人不管身在何處，即使身陷牢獄之

中，還是可以讓自己有所學習和成長！

　　雖然這10年的苦牢，某種層面是浪費了時間沒有錯，但對我來說，又何嘗不是一種沉澱和幫助？因為它讓我把自己邊邊角角給磨圓了！尤其我在獄中大量閱讀，當一個人的認知變大、視野開闊了之後，就會發覺世界很寬廣，真的不需要一時忍不過的衝動，造成難以彌補的悔恨！

　　入獄之前，我的個性比較消極又帶點憤世忌俗，出獄之後，我的個性反而變得積極正向，有時候仔細想想，或許被關的這10年，是上天給我的禮物。若不是因為錯失這10年光陰，我不會這麼努力在短短6、7個月，想辦法開公司、當老闆，這都是那10年磨出來的智慧，我努力進修自己。

　　所以重返社會之後，我一直告訴自己只要肯拚，凡事都有機會！尤其當你知道自己想要成為怎樣的人之後，你就會很清楚你的定位和作為，未來人生必定大不同！

Rebirth Effect

重生效應　自己的人生就要自己定義
　　　　　　十位更生人重新定義人生的精彩展現

文盲販毒遭判17年 苦讀考照
王令麟助其重返社會

張登凱

姓名:張登凱 / 1981年次

判監:販賣二級毒品，刑期17年2個月，出監110年5月31日

在98年10月9日入監北所，於100年3月11日定讞到宜蘭監獄服刑。

100年8月11日就讀宏德補校國中部至103年6月12日畢業

期間，參於台北監獄第一部到監外比賽微電影，於103年榮獲金善獎

三大獎：最佳導演獎、最佳剪輯獎、最佳攝影獎

103年6月12日宏德補校國中部畢業

104年參加法務部矯正署，收容人團體行動隊形變換比賽榮獲第二名

105年4月14參加2016台灣燈會，花燈競賽獲得鼓勵嘉勉獎狀一張。

106年6月14日在宏德補校高中部拿到了畢業證書實感欣慰。

106年9月14日參與台北監獄製作生命教育短片【鹹水雞的滋味】，

　　　　　　該片106年度得到台北電影節「最佳短片獎。」

107年2月8號在台北監獄療養中心，擔任服務員工作認真榮獲獎狀一張

107年4月19春節佈置比賽舍房組第四名獲得獎狀一張。

108年3月4日參與台中監獄培德，以第一名滿分獲得照顧服務員證照

108年11月25日考證照推高機，桃竹苗勞動部考證照成績第三名

109年8月13日協助分裝振興券

110年5月31日出獄，在東森集團王令麟總裁幫助與安排在熊媽媽買菜網工作

110年6月9號擔任進貨組員工

111年3月1日擔任藥檢品管人員勤奮努利力得到禮遇信賴。

座右銘:

「改變自己的觀念及活在當下的勇氣和信心」

　　人生每一站都有不同的人、事、物，都會遇到不一樣的際遇，就會有不同的想法，更努力目標。出獄後至今我期許自己，藉著讀聖經禱告及感受詩篇23篇：祂能把我迷失的心找回來，將往昔的言行錯誤給徹底地改正過來，並從錯誤中記取教訓，不再讓自身的迷失累及家人，相信上帝必能讓我重新展開更生的新生活。

　　最後，登凱要感謝：卓天仁老師、陳珈螢記者、東森集團總裁王令麟大哥、東森集團副總許生忠、桃園更生保護會及參與這本書的每一位同學，有你們的正能量故事，會帶給更生人更多希望，借阿樹的一句話，正能量萬歲！

「我覺得我只是幫他拿貨、沒有牟利，我四條罪都不承認。但是因為我不識字、也不懂法律、家理也沒有錢，只有法扶幫我。後來就是本來應判30年的刑期，最後二審判我17年2個月……」帶著一肚子冤枉的我，想要怨天尤人似乎也來不及了。

這段人生冤枉路，要從國小開始說起。

不愛唸書翹家抽菸
小學不識字竟成文盲

我從小就不喜歡讀書，國小幾年都在玩。國小3年級常因為課業跟不上，成績不好就挨老師板子，所以我就很不愛上學！不只注音符號不太會，更別說九九乘法表，甚至連國字都不太認得。成績差，老師打我的話，都不覺得痛，但是被留校察看的話，大家都放學回家了，只有我還在教室背九九乘法表。看到別人在玩我卻不能玩，對我來說，這比挨板子還痛苦。

　　之後，我就開始翹課、翹家。印象很深刻的是，我只要身上有錢就翹家，錢花了就回家，再有錢又翹家了，當時翹家對我來說，跟出遊露營一樣開心；但是對媽媽來說，寶貝兒子不見了，真是讓她急得焦頭爛額，整晚挨家挨戶地找我行蹤。當時很常見的社會新聞就是不法集團會拐賣小孩，然後把孩子斷手、斷腳、弄啞、弄瞎……再丟到街上行乞賺錢，媽媽因此非常擔心我受害，只要有力氣，半夜不睡覺也是想辦法把我找出來，媽媽也因此得了憂鬱症。

　　我父母要養育四個小孩，我排行老三，我家以前家境不錯，但後來爸爸被倒會，再加上六合彩賭輸，家裡值錢的東西都賣掉了，後來爸爸當送貨司機，送了30年。我媽媽是誦經團老師，常常去廟會工作，我就是因為小時候常跟跟媽媽去廟會，翹家幾乎都去住宮廟，我也很喜歡跟陣頭的哥哥姊姊混在一起。那時候八家將很流行，所以也有跟著學一些，但是，以前的八家將成員多數都會吸毒，所以我國小5年級就接觸安非他命！那

情景就像大人在請菸一樣，隨便拿都拿得到。

國中休學進入八家將
卻因吸毒販毒遭逮入獄

　　國一的時候開學第5天我才去學校，訓導主任建議我去唸體育班，但是因為體育班的老師會體罰打屁股，所以我才讀了15天，就跟老師吵架、翹課，1個月後就休學。國二回學校時，當時規定只要補考考過，就不用重讀一年級，直接進入二年級。「我國一都沒有讀書，英文全部不會，還要回去原來的班級，一聽到整個傻掉！」其他同學都已經開始在上文法了，但是我連ABC都不懂，要怎麼考試？沒考過還要挨罰！才回去一個星期，我很明確知道自己跟不上進度，也認為自己對念書沒興趣，後來就放棄學業，全心全意學陣頭。

　　沒想到，我對陣頭還挺有天份的，一看就會！

　　當兵回來之後，媽媽認為我要有個正當事業，不要

再出陣頭，偏偏我找到的工作，都有人在吸毒，我就變成一邊工作、一邊吸毒。後來，因為吸毒被逮，本來要去關10個月，沒想到我的手機被監聽，被發現我朋友要跟我拿貨，但實際上我只是轉交，沒有獲利。卻也因為如此，被朋友指認4條罪，從吸毒變販毒，原本遭求刑30年，最後二審宣判17年2個月，我在98年10月9日入監，民國110年5月31日假釋出獄，蹲了11年6個月。

坐牢「真進修」開啟苦讀路
上帝指引我迷途知返

　　所有的庭開完了，那天剛好是民國100年3月11日，也就是311大地震，我正好坐在前往宜蘭的囚車上面，一個月後，開始下工場，有好心的獄友建議我讀書，我心想：「如果怎樣都要待10多年，那就不要浪費這個時間！」很幸運地，我抽中了北監的國中部。

　　冥冥之中，我相信這一切自有上帝的安排。

　　在我小時候犯錯、犯法的時候，觀護人就會叫我去教會反省，我想，這無形中開啟了我跟上帝之間的緣分。尤其在民國96年，我去新店戒治所戒毒時，剛好那裡有天主教，我就虔誠受洗，只是那時還不識字，所以上課時都是用聽的，剛好聖經裡有很多小故事、大道理，非常吸引我，在潛移默化中引導我走向正途。

　　可能是我終於想通了，決定要去唸書了，所以上帝指引我一條路。

　　「入監服刑前，媽媽還曾經叫我去讀國中夜間部，那時候我還拒絕了！沒想到進來關，我主動說要唸書，還幸運抽到北監國中部之後，只不過，這一次沒得翹課了。哈哈…」這裡就跟外面一樣，上課時間是每週一到週五的上午8點到下午4點半，也有小考、期中考、期末考。我自認自己比較笨，所以採用土法煉鋼，當大家在休息時間看電視，我就是進房苦讀，靠著不斷地背誦、反覆讀寫來加強記憶，寫1遍記不起來就寫3遍，寫3遍記不起來就寫10遍。

完全沒有基礎的我，一開始只能模仿字跡，但不懂語意，後來才慢慢開竅，甚至英文還能考100分，真的是很有收穫！

相差20歲「忘年同學」
監獄微電影結識王令麟

也許是上帝的安排，我的每階段都會遇到貴人，在北監就讀國三的時候，我「遇見」了總裁大哥王令麟。

我在服刑期間，一度與因案入獄的王令麟同在台北監獄服刑，身為媒體老闆的王令麟，在《5mm的溫度》微電影中，親自指導該劇的劇本及選角，我也是在王令麟認可下，擔任該劇一位反省並思念母親的第5號男主角，尤其有一段讀信的畫面，那真的是媽媽寫給我的信。

入獄之後，我開始寫信給媽媽，媽媽也看到了我的轉變！劇中獨白說道：「現在媽媽漸漸發覺你的來信內

容已經不一樣，因為已經知道自己不對在哪裡。以前你寫回來的信，只會想到自己，跟媽媽說：我沒錢了快來看我，還會註明幫我買吃的，要麥克雞塊咧！像這樣的信，你是不是還不知道你對不起社會？對不起家人？但是現在看到你的改變，感受到你的認真，媽媽很心安。至少你已經知道是非、好壞……」劇中短短1分20秒，只有畫面、沒有對白，但我也很滿足了，後來該劇更獲得金善獎的肯定。

到了高二，又拍了矯正署的微電影《鹹水雞的滋味》，那個手臂很粗、一直在問「蒼蠅效應」的阿凱就是我，可能劇中的甘草個性很搶眼，所以當我被討論的時候，我也有點驚訝。

北監高中畢業之後要開始選單位，我第一志願是去療養中心，療養中心因為只有北監可以去台中受訓，所以機會不多，而我的目標就是考取看護證照！一般來說，被收容在療養中心裡的人多數是身體不方便、或是精神有問題、需要有人照顧的，都會收容在那裡。我

想說家人年紀都大了，爸爸媽媽70多歲了、阿嬤90多歲了，我能學習看護技能，未來出獄之後，如果家裡有人具備專業的看護技能，會比較妥當，也或許有一天我可以好好照顧阿嬤，來減輕父母的重擔。

「要學得快，就是要親自去做。」這是我的學習心得！

在台中受訓的時候，光是準備看護證照的筆試部分，我每天至少寫200題考題，花了一週背熟題目。術課部分，我就是一邊學、一邊當小老師教同學，教的同時等於我又再學一遍，等於我學得比人家多。所以最後考照的結果，我不只考滿分，而且還是第一名畢業。但沒想到我考取證照之後，我原本在療養中心的同伴都被調走了，所以我也被調去第六工場，錯過了回去療養中心的機會。

雖然有點可惜，但我也沒閒著，後來，我考取了堆高機證照。

當時北監的典獄長幫我們爭取報考堆高機的資格，

整個北監有25名受刑報考。我們去考試的時候，因為一個受刑人要有2到3名監獄主管陪同，所以整個監獄為了這場考試幾乎停頓一天，感覺相當隆重。

後來這個堆高機證照考試只辦了一期，聽說就沒有再辦了，我也幸運考上，只能說都是上帝的恩典。

以銅為鏡可以明智，
以鑼為樂能靜心

在堆高機考照通過之後，我發現有銅雕班，而且只有第六工場有。當時我身材精實、也算有力氣，就想說要去嚐試看看，所以在民國109年10月的時候，我幸運進入銅雕班，入門的第一堂課就是先學做盤子、茶杯。

一開始，老師剪一塊銅給你，然後就開始錘打銅板，要把厚的錘打薄一點點，全身經過錘打的銅板才能拿去燒、燒完再錘，先錘後燒的銅板才會變軟。很多人

在錘銅板的時候就已經手酸了，我只有起水泡。我當時因為初學者又傻楞楞，不知道要戴手套，只想說這個可以發洩，然後全力埋頭苦錘！我大概花了一個多小時就完成，還是第一個做好簽名的！

國寶級銅雕大師吳宗霖是我的銅雕老師，他最常說一句話：「以銅為鏡可以明智，以鑼為樂能靜心」這句話真沒錯！

在敲鐵的過程當中，施力的輕重會影響凹洞的淺深，看著這些大小深淺不一的凹洞，我剛好想起故事內容，這些凹洞就好像是一個人說話、行事後所產生的影響，代表你說過的話、做過的事，你自己可能覺得沒什麼，但其實都會留下痕跡，不只對別人產生影響，也會影響自己。這在在的提醒我，以後更要謹言慎行！

我們在銅雕班的作品以花居多，有一天，我突發奇想，想把所有銅雕班同學的作品收錄到一本書裡，有「銅」、有「花」、有「故事」，所以書名就叫「銅花故事」。後來也許是上帝的安排，祂讓我得三到個啟

示：第一個是總裁大哥與我分享詩篇23篇；第二個是我想打造一個屬於自己的第一個作品，當時有兩個方案「銅花故事」、和「詩篇第23篇」；第三個是當我跟銅雕老師說想要打造這兩個方案時，老師說贊助集團也喜歡聖經中的故事，所以我放棄「銅花故事」，轉而創作「聖經詩篇第23篇」，我把聖經詩篇第23篇的所有文字，全部刻進去。

整個過程中，最難的就是刻字，一個字刻錯就是得全部重來！

我可以創作的時間是早上2小時、下午1.5小時，所以一天只能做3個多小時，一頁書只能敲一天銅。全部敲好又要凹書、刻字。刻字的部分也需要機器輔助，機器也是需要休息，不然它也會燒掉，光是刻字又是兩天沒了。總之，前後花了一個多月才把詩篇完成。

總裁大哥42封親筆信
感恩王令麟鼓勵與知遇之恩

　　入獄之前，我每天過的渾渾噩噩，反而是入獄之後開始唸書、考取看護證照、考取對堆高證照、學銅雕，服刑後的人生變得充實又豐富，我也要感謝：總裁大哥王令麟對我的鼓勵。

　　民國108年，台灣有一個歌唱比賽節目叫做《聲林之王》，當時是東森和量子娛樂一起聯手，還集結30家經紀公司，聯手打造的圓夢舞台。節目還邀請到金曲歌王蕭敬騰、林宥嘉擔任導師，一起挖掘潛力歌手，也是讓台灣年輕人有機會展露頭角，每集製作費高達1000萬台幣。總裁大哥 王令麟鼓勵年輕人「永遠不要放棄」，他說：「比起一次獲選就一步登天，沒有獲選反而是一種幸運，把挫折當成考驗，然後找到自己的定位，勇於挑戰，雖然過程會很辛苦，但這些都是人生過程中的重要歷練。」我看到這則報導，心裡就很激動。

在幫忙拍攝《5mm的溫度》、《鹹水雞的滋味》之後，我在療養中心受訓期間開始學習寫劇本，寫了50幾張稿紙。我心中藏著一個電影夢，我也很想有個轉捩點重新起步，於是我鼓起勇氣寫信給總裁大哥 王令麟，沒想到真的有回應！

總裁大哥寫給我的每一封信，我幾乎都留著。我還記得第一封信的內容：「阿凱老弟，收到你的來信，大哥非常的高興，你為自己的人生做有興趣的規劃，大哥一定等你出來，會完成你的夢想。請告訴我你可能回來的時間，祝你在北監一切平安。 大哥王令麟總裁」

我很多事情都和大哥分享，他也對我諸多鼓勵。他曾和我分享詩篇23篇的內容，我都牢記在心：「耶和華是我的牧者，我必不致缺乏。祂使我躺臥在青草地上，領我在可安歇的水邊。祂使我的靈魂甦醒為自己的名，引導我走義路。我雖然行過死蔭的幽谷，也不怕遭害，因為祢與我同在……」我每天都會禱告，以祈求心靈平靜。

　　此後，包括我考看護證照、考堆高機證照、學銅雕創作，他也給我很多正面回應。

　　「登凱老弟：收到來信，詳細閱讀得知，你已在銅雕班上課，並且接受吳宗霖老師之指導，嘿嘿！這一切都是上帝的安排，因為大哥已經參加台灣更生保護協會，協助更生人相關就業及產品銷售……預計會在購物台販售銅雕作品，販售所得收入將由更保會妥善應用。此刻你加入銅雕班，不正是上帝的安排嗎？恭喜你，加緊學習。也從信中得知，你得到堆高機證照，放心，我方倉庫裡面需要堆高機手職務甚多，你有兩個選項，一個假釋後，繼續參加銅雕工作作品，另一個是可以到大哥物流中心從事堆高機駕駛之工作，深信有此二項工作安排，對你的假釋申請應有助力，上帝祝福你。　大哥總裁2020.11.11」

　　大哥說的話，真的是說到做到！不只給我工作機會，還讓我在新莊和蘆竹兩個分店中擇一上班，我想說新莊分店以生鮮蔬果類為主，地點較近、能學習的東西

也比較多，於是，民國110年5月31日假釋出獄後，我真的進入「熊媽媽買菜網」工作，當時還上了新聞，目前我每天的工作就是負責農藥殘留快速檢驗，以保障消費者的食安。

我的夢想是拍電影，以及到總裁大哥公司上班。現在的我，已經實現其一的夢想！至於電影夢，雖然還沒實現，我也開始在公司的FB粉絲團，露臉直播銷售食品，都有不錯的反應。

出獄後熱心公益
迷途知返願當明燈回饋社會

一路走來，或許是上帝的恩典賜予我貴人，讓祂扶持我、幫助我，我也期許自己有朝一日，可以帶給他人力量與溫暖。

台灣更生保護會台北分會有出一本書《銅言銅語》，上頭寫道：「愛迪生曾說過：『失敗是需要的，

　　它和成功一樣有價值。』人生有許多試煉，失敗不會摧毀一個人，只要願意改變、面對，就能從逆境中重新展翅高飛！希望大家一起創造良善循環，提供更生人一個機會，為社會再點亮一盞『希望』的明燈。」

　　看完這段話，我深受感動和啟發，所以，我休假之餘會去教會做捐獻，也會和阿樹一起行善，漸漸地其他人加入我們的行善行列，除了家人之外，包括像是《5mm的溫度》的導演、「熊媽媽買菜網」的長官和同事也共襄盛舉，跟著一起捐錢、捐物資。每每行善之後，我的內心都充滿溫暖。

　　我很希望自己小小的舉動，可以讓還沒出監的受刑人知道，只要把握在裡面的時間，規劃好未來，一步一步地去學習，等待他日重返自由社會後，也是有機會成為能夠貢獻社會的人。

判22年終悔過 打拼木箱工廠
盼挽回親子疏離

張逸忠

張逸忠 個人簡介

姓名：張逸忠 / 1977年次

民國96年吸食安非他命判刑13個月未執行遭通緝，通緝期間又陸續犯毒品販賣、槍砲等12案，97年7月入監，而後12案件直到100年3月判決確定，定應執行22年5月，於民國97年7月開始執行，至110年12月假釋出獄。

獄中優異表現：

於台北監獄六教區國中部及高中部進修，後至22工（縫紉工廠）作業。期間獲得作業獎狀，文康活動、投稿比賽，等近20張獎狀。最令我印象深刻的是104年矯正署舉辦的隊形變換比賽我們得了全國第二名。

現任：

桓良企業股份有限公司裁切職務

座左銘：

「浪子回頭，金不換～」

這句話得用極大的代價方能領悟。因為說的容易，做的時候容易一錯再錯，直到痛徹心扉，撕心裂肺，才能真正醒悟。因為有了代價，故及時地認識到自己的錯誤，並且改過自新，從頭開始，全新出發。

改掉自己的錯誤和壞習慣，做一個全新的人，然而挫折永遠會在，但怎麼跨過全憑自己。我期許自己繼續在生活堅持不懈，並且有錯能改，朝著目標努力前進。

「我開完庭，一聽到我要蹲22年的牢，就跟太太說不要等我，因為我心裡真的很不想耽誤她！但又想到襁褓之中的女兒，心裡實在萬般無奈！」原本一開始只是因為吸食毒品遭通緝而入獄，66年次的我，萬萬沒有想到這一進去，不斷地有分案開庭，導致刑期不斷累績，原本心裡預設只要蹲1年多的牢就能出獄，萬萬沒想到直接暴漲到22年，假釋出獄時，已是年過40歲的中年大叔。

這些年錯過的，不只是自己13年半的青春、女兒的成長，還有和父親疏離的親情。

耍帥惹禍！
國中叛逆翹家吸毒 走上不歸路

「我國中的時候，當時還是有髮禁的！青少年時期難免愛漂亮，有時候我會偷溜到校外上美髮院。我還記得，我和其他同學一行五人翻牆出去洗頭、吹頭髮，因

為當時流行斜龐克的髮型，我帥帥地翻牆回到學校，沒想到被校長逮個正著！」校長再訓斥我們的時候，還順手把我們的頭髮弄亂，我和其中一個同學氣不過，於是動手打校長！

這下子不得了了，小事變大事，校方通知家長領回學生！

回家之後，我就被爸爸抓去剃光頭，這叫愛面子的我，情何以堪。隔天，訓導主任又找上了我爸爸，跟他說：「逸忠這個樣子，學校有點無能為力，你們自己還是辦理休學好了。」於是，我在13歲的時候休學了。

休學兩、三個月後，爸爸為了要壓制我叛逆的個性，揚言要送我去軍校，我聽了之後就更反抗，於是，我就開始蹺家！當時的我，身上沒有太多的錢，所以蹺家的時候，有時住同學家、有時就去做八家將出陣頭，「四處流浪」就是我當時的心情寫照。

青少年期的我，做事個性比較衝動、又不太會想後果，加上蹺家在外流浪、很少回家，不只和家人漸行漸

遠，甚至又因為當時接觸的朋友龍蛇混雜，不少人在吸毒。毒品對我而言，像是個測試劑一樣，我也知道吸毒不好，看到朋友吸毒的樣子，我雖然也可以想像我可能以後就是那樣子。但是在好奇心的作祟之下，再加上想說大家都會、只有我不會，好像很丟臉。

「我也做得到」的這種愚蠢想法，竟然開始在心裡蔓延，我就在這樣的情況之下，不知不覺開始吸毒，尤其民國80多年左右，當時流行的安非他命價格不高，幾百塊就買得到，因此，每每出完陣頭一領到錢，我就去買安非他命。

投靠母親結束流浪
一度脫離毒品卻再陷入販毒

我的父母大約在我10歲的時候離異，爸爸是在家族經營的木箱棧板工廠工作，離婚後的媽媽則是在夜總會做經理。離家之後的我，很少和母親連繫，後來找上媽

媽，搬去和媽媽同住，這也結束了我的流浪生活。

　　照理說，結束流浪生活應該是要開始奮發發向上才是，但是很不巧地，那時候剛好香港電影《古惑仔》非常流行！《古惑仔》系列電影，許多人從電影裡看到鄭伊健所飾演的陳浩南，他所詮釋的義氣和帥氣，絕對是香港電影史上一個難以超越的角色，在台灣也是紅極一時，我的朋友幾乎都看過這部電影，因為裡面的角色帥到不行，深深吸引我。

　　「我那時候覺得當古惑仔非常帥，所以，16歲的時候，我就自告奮勇跑去加入幫派。」當時流行的除了古惑仔，還有舞廳，所以我整天混舞廳、吸毒，缺錢就跟媽媽拿，日子算是過的無憂無慮。直到到19歲的時候，我們堂口被破，老大被抓去綠島，我就繼續過原來的生活。吸毒成了我的日常，人在倒楣的時候，什麼事都有可能發生，我最高紀錄就是一天被抓兩次！「抓了被交保、交保後又被抓，在朋友家被抓、在自己家也被抓，桌上有東西、身上也有東西，逃都逃不掉。」好險後來

開始工作，一度脫離這種爛泥生活。

　　22歲到26歲的我，從事正當工作跑業務，在中壢、高雄兩地奔波來回跑。這5、6年的業務生活，我放過彈珠台、小瑪莉電動玩具機台，也有做過廚具業務，當時周圍的朋友和同事都沒有接觸毒品，所以，大約6年多的時間，也就那一陣子我都沒碰過毒品。

　　民國92年時，公司要轉型做餐廳，但我對餐飲業沒興趣，那時候因為有存一點錢，所以我就回到台北，但回到台北之後，我依舊沒有回老家和父親同住，我選擇在外面租房子，此時的我，又遇上小時候往來的朋友，雖然年屆26歲，思想應該要比較成熟、穩重，但因為還有玩心，再加上沒有大人在旁邊囉嗦，本來活在正軌生活的我，又開始向下沉淪了。

　　上班族的薪水有限，房租、水電費、生活開銷、雜支、娛樂費，薪水常常不夠用，這時候有朋友幫忙牽線，26歲的我踏上販毒之路。

吸食、販毒、槍砲彈藥
累案14件遭判22年

在販毒的過程中，我曾經遇到有3、4個人拿刀搶劫我，他們不搶錢、只搶毒品，為了避免同樣的事情再度發生，我選擇買槍防身，於是我犯了槍砲彈藥條例。我的下線跟我拿貨不給錢跑路，這個圈子就是這麼大，我後來找到他痛扁一頓，我因此揹上傷害罪。還有一次買毒品，交易結束之後，合夥人跟我說毒品被警察抄走了，合夥人信誓旦旦地說：「這筆錢我會扛，我會還你。」

事隔兩個星期，他真的拿15萬來還我，但沒想到他還的錢竟然是搶劫來還我！合夥人因為搶劫被逮，結果我被牽連，成了收受贓物的罪犯！

我因為這個朋友牽連被逮，我的案子就跟滾雪球般，越滾越多、越滾越大！

我本來是只有兩條吸食毒品的罪嫌，一個判刑6個

月、另一個是7個月，後來我就去執行刑期了。沒想到，我在民國97年開始執行這一年3個月的刑期期間，因為有人指認我販毒給他，最後變成一連串的分案開庭。「我最高紀錄就是一星期都在開庭，法院有上班，我就是去開庭。周末一過，我的心情就開始低落、五味雜陳，本來很快就要出獄了，居然越來越出不去！」一直「儲值」刑期的結果，最後總計14罪，被判刑22年5個月，內心晴天霹靂、百感交集！

在監獄的日子裡，大家共同的事情就是「等」。

每天眼睛一張開，重複做著差不多的事情，日復一日地等，等著工作、等著會客、等著出獄……為了不要讓「等」這件事情無限擴大，所以獄友就建議我去唸書，他們說唸書比較不會亂想！我也聽從他們的建議，報考北監的國中部和高中部，和阿凱當了6年的同班同學，甚至後來我還去唸了空中大學。

國中、高中的學科裡面，英文對我來說其實有點難，那英文怎麼背？像阿凱唸書的方式，他就是很認

真一直寫、一直寫，我的話就是一直唸、一直唸。例如：英文的「今天」就是today，我就「t、o、d、a、y」這5個英文字母不斷地反覆背誦，只要遇到不會的或是難背的，我不管三七二十一，我就是一直背，我會告訴自己：「我今天一定要把這個的單字背起來！」另外，國中裡面很難的數學，因為有老師的考前複習，他幫我們不斷複習考試範圍，所以最後也是驚險過關。

在空大班時期，扣除平時縫紉場工作，我每週一去空大班進修，唸會計學和殯葬業。因為一開學的時候空大班叫我們選科，大家討論之後就選了這兩科想說可能對未來比較有幫助，所以我也跟著一起報名。這個殯葬專班協助我們取得禮儀師相關資格，課程內容包括：殯葬禮儀、殯葬文書、殯葬政策與法規、殯葬設施、臨終關懷及悲傷輔導。別以為上課很輕鬆，但若要認真唸起來，要準備的其實還真不少。

獄中苦讀不想被看輕
為女兒努力奮發向上

　　促使自己如此認真唸書的動力，就是為了我女兒！

　　我入獄的時候，女兒才3個月大，她那時候只是個動不動就哭的嬰兒，還沒進去關之前，在身邊的時候，她只要一哭我就覺得煩，但真的進去關之後，看不到女兒，我反而無時無刻都在想念她。「會想說不知道她有沒有吃好？睡好？是不是還那麼愛哭？就真的非常想念她。」剛入獄的頭兩年，每週太太會帶女兒來看我，我每次看到女兒心情很複雜，因為可以看到人、卻只能隔著壓克力板講話，不能親不能抱，心理真的很酸！

　　我記得女兒2歲生日的時候，她帶著小蛋糕在會客室來監獄看我，還唱著生日快樂歌。女兒到了3歲之後，太太離開了我，將孩子託付給我的媽媽，但她偶爾還是會斷斷續續地來探監，對於這樣的情分，我心中還是感謝她。

「爸爸這次考第幾名,那你以後也要這樣子喔!」國中班的時候,我努力維持自己的成績在前10名,希望自己在女兒的面前沒有丟臉漏氣!

在監獄裡,除了不浪費時間把以前缺少的學歷補回來之後,閒暇之餘,我喜歡畫畫、看什麼就畫什麼,沒有特別的題材。尤其看到女兒收到我為了她而畫的作品,我就特別開心!像我女兒小時候很喜歡維尼熊、趴趴熊,只要給我圖片我就可畫出來,所以女兒從幼稚園到小學三年級左右,我特別愛畫卡通人物給她。但是到了三年級之後,可能小女孩慢慢在長大,再也沒有跟我要畫。

當我再也沒有畫卡通人物給她,似乎也隱喻著親子之間即將出現的距離。

我在出獄4個月後,女兒剛剛滿14歲了,我除了要適應智慧型手機之外,我更需要適應的,是父女之間的親子對話。父親和女兒之間的對話,比較不太可以用兄弟之間的口吻,再加上我跟女兒沒有親密的一起成長,

很多地方是有點尷尬的。我小時候生長的教育環境是長輩跟我們講話說一是一、說二是二，但是現在的教育政策是尊重孩子，相對地小孩的自主性就比較高。我們以前的年代是看電視節目為主，現在的小孩都是看網路節目、看抖音居多，女兒喜歡的偶像我都不認識了。「女兒現在在追星，喜歡的偶像是花美男形象，跟我們以前當紅的男明星類型很不一樣，週邊商品一出什麼都買。」

我完全被女兒打敗，女兒甚至常常跟我講說，不要一直拿我們的時代跟她們的時代比，我真心感到世代的不同，也明白當初父母想要好好教育我，是有多麼的不容易。

眼明手快動作精巧
獄中縫紉班展現手藝

在獄中消磨時間，除了唸書、畫畫之外，高中畢業

之後我就下工場學縫紉，

　　我入獄服刑3年之後，我去學生隊6年，在去縫紉工4年。我在15教區工場，工場負責囚服縫製。剛下工場的時候，我在新收組就有遇到熟人，他有教我一些撇步。所以有些獄友在吃虧，我卻是游刃有餘。

　　和一般的手縫針相比，縫紉車的針洞比較大，就算男生的手指很粗，也是可以適應，尤其，在縫紉的過程中，其實是有流程的。穿線之後，縫紉車踩下去，布就會往前跑，這邊就要記住要回針，大約1公分的距離要來回跑3趟，這回針的這一段針線就會把布咬住，就類似打結的功能，才不會脫線。

　　我們縫製衣服是以件計酬，例如：外套一件是15元到20元不等，我因為動作快，所以學了大概4個月之後，就被主管派去釘扣子和釘鈕洞，衣服都做好了，就會送來我這邊釘扣子和打鈕洞，我算是最後一關，而且要眼明手快，我一個人要應付全工場。默默地，我也算是在這份工作中找到些許的樂趣。

唸書是讓腦袋升級
凡事會預想後果才做

在獄中唸書的過程當中，坦白說，我覺得學校知識對我而言，可能沒有太大的用處，但是也許是因為有在學習，求學對我最大的改變，是想法和脾氣有很大的不同，我想我算是開竅了！

例如：以前我可能看到毒品就比較沒辦法克制，就會跟朋友要；但是現在有唸書、也有女兒了，所以就會想到說：「如果吸毒的話，會不會對女兒產生不好的影響？」我以前就是做什麼事情之前我都不會想，就是做就對了！那或許是因為唸書之後，知識有提升，所以在做事情之前會先想一下後果？想一下做事情的步驟，或是這件事情做了會有什麼影響？總之就是會思考後才行動。

有時候，我會回想以前的種種。

我現在在工作的這個木箱工廠，也算是我半個家，

其實在我小學5年級以前，我會跟爸爸一起去工作，那時候沒有什麼週休二日，所以我爸爸常常在加班，如果我放假不用上學，我就跟著爸爸一起去工作。

換句話說，我爸爸的功夫是我從小看到大，我已經學了一段時間，而且很快就可以學會了。如果我沒有走偏，這間工廠在我現在這個年紀，可能就是我接手了。

我還記得23歲時的我，當時正在荒唐歲月中，弟弟也剛好退伍，但他退伍後還是跟著朋友混幫派，後來弟弟和朋友被叫去砸別人的店，當時新聞還鬧得很大，我弟弟才發現事情大條了、趕緊跑路！跑了一兩個月之後，弟弟來找我聊天，我就很語重心長地跟他說：「你大哥我就已經這樣了！你就不要繼續在外面混幫派了，你快回家吧！爸爸就剩你一個兒子，等你以後學好功夫就好好接班。」沒想到弟弟真的有聽進去，真的就脫離幫派，乖乖回到工廠，走上正軌人生。

兄弟打拼木箱工場
盼家人和睦不再疏離

　　直到4、5年前，我爸爸退休了，真的就把工廠交棒給我弟弟。我家的這個工廠大概經營了50多年，從我阿公就開始做了，到我這一代也是第三代了。

　　我申請假釋申請了兩年，在這期間我弟弟有來監獄探望我，就有跟我說：「大哥，不然你出獄之後，就回來家裡工廠做吧！我們一起打拼吧！」坐了10多年的牢，我的爸爸從來沒有來探望過我，也不曾寫信給我，我出獄後回到家，上班前一天，弟弟才告訴爸爸，但爸爸卻沒有多說什麼。

　　坐牢的這段時間，我有很深刻的體悟：「朋友再交就有，但是家人卻是一輩子的！」在我最辛苦、最難過的時候，是家人陪著我度過。

　　「畢竟我以前匪類過，所以我知道大家都在觀察我。」先別說外界對我的異樣眼光，光是家族親友之

間，我就心裡有底了，畢竟在工作上、生活上，我曾經讓他們失望過。我其實很後悔我以前這麼不會想，後悔曾經這樣荒唐過，後悔自己接觸毒品而入獄，導致和父親無話可談、也錯過了女兒學說、學爬的幼年時期，最後悔的事情就是親人之間的疏離。

　　一個人為什麼走偏？他的背後一定是有原因，例如：心態、家庭、環境、同儕……，他的背景是什麼，他就會在無形中沾染錯誤元素，因為他就是遇到了狀況，一時半刻沒有其他選項，所以才會做錯決定，最後越陷越深，陷入一連串的漩渦。我現在還在觀察期，先穩定好自己、再把家裡顧好。我現在最大的希望，是獲得家人的認可，將疏離破冰融化。只有家，才是最溫暖的港灣。

　　過去發生的種種已經來不及改變了，以前的老路，我已經吃虧過了；但我該如何讓未來變得更美好？才是我現在的生活重點。回首過往的荒唐歲月，要特別感謝媽媽這些年的包容與相挺，希望她能活得長長久久，讓我一直孝順下去！

角頭化身送行者 助貧戶亡者
與無名屍入土為安

曾敬道

曾敬道 個人簡介

姓名：曾敬道 / 1967年次

民國82年槍擊案判刑2年6月，85年執行完畢。民國88年7月走私槍械，起訴無期徒刑，案經12年纏訟，判刑14年確定。於民國100年發監宜蘭監獄執行。107年5月假釋出獄。

獄中優異表現：

於台北監獄六教區高中部進修，擔任六教區服務員，協助獄政作業及統籌溝通等等。期間獲得作業獎狀，文康活動、徵文比賽、投稿比賽，等十餘張獎狀

現任：

龍恩生命禮儀公司負責人

座右銘：

「山重水複疑無路，柳暗花明又一村。」

　　人生就是這麼一回事。只要不放棄，就擁有希望；只要還活著，一切都有可能。由逆境轉為充滿希望的順境；在當下充滿絕望的時刻，其實只要抬頭就看到前方的光明，所以在事情陷入絕境的情況，就會有了新的轉機，在遇到困難一種辦法行不通的時候，再想用另一種辦法去解決。透過探索去發現答案，會發現人生沒有過不去的檻。

「經營禮儀公司最常遇到的就是生離死別，很多感人的事情都點滴在我心中。如果我知道喪家是貧戶，我會免費幫助、分文不取；對方也不需要出示任何證件，至於這些喪葬費用，我會號召一些朋友一起幫忙分擔，就希望他們也可以有尊嚴地走人生最後一程。」

回想起這些事情，我認為這不過就是舉手之勞、不足掛齒，很難想像，在1999年時，我曾是佔遍台灣各大新聞版面的軍火要犯！

喧騰一時
台灣史上首例走私軍火最多案件

「……汐止破獲有史以來最大宗走私衝鋒槍……警方鎖定來自柬埔寨進口的廢鐵貨櫃，果然查獲用錫箔紙、牛皮紙包得像粽子還在外灌漿，連X光機都照不出來的大批子彈，並在一只一人高的鋼瓶中起出AK47等

十三把長槍。警方總共查獲中共制AK47步槍十把、一把北韓制AK47、一把美制M10和一把AP19衝鋒槍、二把德制MP5、三千零二十發長槍子彈及一千零十發手槍子彈，威力嚇人……」這起震驚社會的新聞大案，官司打了10多年，宣判結果更是幾度峰迴路轉。

我的案子是發生在民國88年，民國91年當時是判無罪的；檢察官不服上訴，到了民國100年，又判刑確定再進去關，我的訴訟前前後後拖了20多年。原本檢察官起訴無期徒刑，法官判14年定讞，最後我被關了11年多，直到民國107年，我才終於假釋出獄。

從有罪到無罪、又從無罪到有罪，我自認我不是主謀，這樣的判決對我來說太重了，我難免會感到司法不公。畢竟我的前科都是槍砲彈藥，有了這個標籤，要檢察官相信我是無罪的機會，十分渺茫。

我從小就混黑社會，國二的時候朋友引薦加入的。我家是小康家庭，父母都忙著工作、疏於管教，我一開始也只愛玩，但是加入幫派之後，放學之後就是賭場、

應召站、顧場子。印象很深刻的事情就是打架、幫派火拚，「那個過程就跟電影古惑仔演的差不多，槍枝、刀械什麼的，大家都會預先藏在身上，火拼嘛，身上難免有傷痕啦！」回憶起過去，人生真的就是像電影一樣，一幕幕呈現在腦海裡。

因年邁雙親而醒悟
決心入獄服刑

曾經三度進出管訓隊的「豐功偉業」，讓我在江湖越混越大尾，地位也越來越高。即使在別人的眼裡是個「大哥」，大哥的鐵漢柔情，也有心中放不下的那一塊。

其實，我也曾經想跑路，但是我爸爸的一句話，讓我選擇面對現實。「我年紀也很大了，我沒有幾年可以等你了，你不要再混了。」爸爸的這番話，鼓勵我勇敢面對，我聽了真的很心疼，瞬間打消逃到大陸的念頭，

我心想：「算了，就關一關啦！出來還是一條好漢！」被關進去之後，每到會客時候，媽媽總是不會錯過可以面見的黃金時光。

「我媽媽以前不敢坐飛機的，她為了要看我，大老遠從桃園這邊坐飛機去台東看我，她說她人生第一次坐飛機，不是出國去玩，而是提著菜飛去監獄探望兒子。我都幾歲了，她還要提菜來看我。」「我媽媽不認識字，她為了要寫一封信給我就要翻字典，然後自己去買一本字典這樣子慢慢翻，一邊查字典、一邊學寫字，一個一個字、一點一滴寫信給我。」父母的不放棄，讓我重新地檢視及面對自己。

除了沒辦法隨時侍奉父母之外，來不及陪伴長大的孩子，也讓我感到十分歉疚。

「我的大兒子83年次，小兒子93年次，他們一出生我就剛好進去服刑，我的兒子們很乖，都是我媽帶大的。」我沒辦法像正常家庭一樣照顧孩子，錯過了他們的成長過程，一直讓我覺得很可惜，我的媽媽非常

努力在孫子的教育，因為媽媽一直認為我的叛逆，是她當年疏於管教，才會釀成大禍，所以，以前在我身上沒有做到的，媽媽就把這份疼惜加諸在我的孩子身上，所以，我媽媽花了很大的心思在關心、教育我的兩個兒子。

不論是寫信，還是會客的時後，媽媽也會特別提及孩子的近況，讓我不至於完全錯過他們的人生。

心存正氣不看輕自己
全靠親情挺過10年苦窯

「我們以前的生活環境還是比較講道理的，我們是兄弟、不是流氓，流氓跟兄弟就是都有點差別啊！」若論起差別，做兄弟講道義、講規矩、取財有道，但是流氓就是沒道義、白吃白喝什麼的，就是跟我們走的路線不太一樣！或許在別人的眼裡我可能是個凶神惡煞，但我從來不欺負弱小、魚肉鄉民，在我心中我自己有一把

尺，即使別人怕我或是瞧不起我，但我從未看輕過自己，也沒有對未來放棄過。

我以前住鄉下，那邊的鄰居只要講到我名字，就會很直接罵說：「這個王八蛋、跑去做兄弟、當黑社會……」之類難聽的話。後來，我漸漸在社會上有點地位，以前罵我的人出了事情，找不到資源就來找我幫忙，處理不來的事情也來找我幫忙，他們就會說我是好人，很能幫忙處理事情。天啊！我只要一回想起來，我就覺得那場景很滑稽，這些人當初是怎麼罵我？有求於我的時候，又是怎樣的態度？那個嘴臉讓我覺得可笑，百感交集！

我從來不偷、不搶、不騙，也沒有白吃白喝，我的父母親也從未因為我出來混黑社會而輕視我，因為我活得正氣！「黑社會」這個標籤對我來說，根本不成問題，因為這個標籤是因人而異、隨時可換的！但如果我是小偷、是性侵犯，我絕對無法承受別人的眼光。我的所作所為也許觸犯法律，但我沒有昧著良心去侵害弱

小，我沒有對不起別人，所以，我看得起我自己，我也不認為覺得這個標籤對我造成什麼問題。

年輕的時候被關，出獄就是越混越大，但是我中年以後被關，想法就很不一樣了！因為那時候我已經有家庭、有事業了，感受差很多！俗話說：「男兒有淚不輕彈。」但當自己碰到這麼大的事件，正在打官司收押、對前途一片茫然，家人每天為了我奔波，夜深人靜的時候，難免也會掉淚。

年邁的父母、稚嫩的兒子都期待我回歸家庭，因而促使我面對刑期，「趕快還債、還完回來就重新再來！」是這樣的心態，讓我堅強面對。在獄中，運動和讀書是我打發時間的最佳方法。作家劉墉的書，特別吸引我，尤其是他和兒子之間的對話和互動，讓我印象深刻，還有家庭、家人之間相互牽絆、支持的這種情感，更能觸動我，也間接彌補我對家人的思念。

直爽正氣在地經營
默默行善助人是福

　　我的禮儀公司在我入獄前就已經成立，至今已經營業10多年，對於生離死別的事情，我沒少聽說過。

　　曾經有一對恩愛的夫妻，先生往生了，案子是我公司接手處理，死者太太抱著遺體痛哭、傷心欲絕，沒想到兩個月後，本來很健康的太太可能因為傷心過度也往生了。另一個案例是一對老夫少妻，先生都已經往生快兩個月了，太太依舊走不出悲痛，每天都在社群軟體貼文、悼念亡夫。或許是因為我的婚姻不圓滿，所以像這種夫妻鶼鰈情深的案例，最是觸動我內心深處，格外讓我動容。

　　此外，對於幫助貧戶入殮我也是不遺餘力。對於經濟困乏、低收入戶，我都會參酌他的經濟能力，免費殯葬。我甚至不用他出示低收入戶證明，因為像這種貧戶，你到他家就可以略知一二，不用文件就能知道喪家

很需要幫忙。曾經也有獄友爸爸往生沒錢處理，我也是盡力幫忙。甚至有時候，有朋友會告知我有無名屍的情況，我也會幫忙免費處理。

「通常我們同業很多都在行善，但是幾乎沒有人會去大肆宣揚自己的善行或義舉。這種新聞，某種程度就是在家屬傷口撒鹽。另外，這種事很容易比對，會故意做這種新聞的業者，我很不客氣的說，一定是有某種程度的商業行為，前例太多了，但是他們就是懂得炒作新聞，參加各種災難的免費大體修復，結果運用他們的知名度，大肆跟家屬索取高額的修補費。所以我們很少會去做這種新聞或報導。」秉持為善不欲人知的態度是我對家屬的尊重，而我最大的初衷，就是希望這些往生者可以在人生的最後一段路，走得有尊嚴！

我人生最大的後悔，就是讓家人因我傷心、為我擔憂；所以出獄之後，我不問江湖事。

我很努力在我的事業和公益上，多數的時間都花在和父母、小孩相處。我很慶幸我的孩子知道我曾是黑社

會，但對我卻沒有歧視和偏見，孩子也沒有因為我的過往而感到丟臉，他們反饋給我的是「體諒」，這一點從我們之間的相處就可以感受得到。

　　若問我現在有什麼願望？我只希望家人平安健康，如此而已。若我能浪子回頭，那都要歸功於我的父母和兩個兒子，是家裡的溫情羈絆著我！我現在和父母、兩個孩子同住，就跟一般的家庭沒有兩樣，爸爸80多歲了，有點老人痴呆的現象，我很慶幸在這時刻，我還能在父母年邁、兒子成長之餘，跟他們常伴左右，這就是人世間最幸福的一刻。

詐騙主腦洗心革面 創業做
「百元宿舍」助更生人重生

楊國輝

楊國輝 個人簡介

姓名：楊國輝1980年次
案名：詐欺，偽造文書罪，判刑6年

民國九十九年七月服刑至一百一十年六月假釋出監，桃園看守所
（執行）於桃園監百貨部擔任服務員，負責發放百貨類，以及協助
長官管理類別等工作，因表現優異榮獲假釋提早出監。

現任：
大湧工程行負責人，武大有限公司人力團隊大家長。

座右銘：
「我堅信只要肯努力就會不一樣。」

　　經驗和教訓都是人生路上要經歷的，不可或缺的東
西。同時，經驗和教訓都能使我們從中學習自己所或缺
的東西。經驗能讓人少走彎路，但不可能杜絕走彎路。
而我從中學到教訓，走回正軌通往對的人生旅程。我明
白天下沒有白吃的午餐，機會是靠自己努力而來的。

「喂，你好，我是公安，你的身分證辦理的多張銀行卡涉嫌洗錢，需要配合調查，還需將銀行卡所涉及的錢款轉移到安全帳戶……」這冒充公安的台詞，簡單幾句話，是我在入獄前的日常，背負偽造文書、詐欺罪嫌，「行騙」不過就如同是電影裡的幾場戲罷了。

但挺而走險的背後，是因為有個負債累累的家。

「我國中的時候，40多歲的爸爸在中風，家裡的貸款無法順利償還，爸爸心情低落，甚至懷疑媽媽有外遇，搞到媽媽想自殺，我們家瞬間一無所有…」我上有姊姊下有妹妹，身為家中唯一的男生，在這樣的壓力下被迫長大，我得扛起家庭責任，想辦法賺錢，但是才國中的我，面對家裡每天愁雲慘霧，一點都不想待在家。又想快點賺錢，又需要朋友溫暖的我，被帶進了詐騙集團當車手，成為他們的一員。但我個人對於偽造證件，卻是情有獨鍾。

專精偽造證件累積百案
家中負債未還選擇跑路

「國中時，我有三個要好的朋友，我們各自跟了不同的老大，我跟著詐騙集團、一個跟房地產老大、一個跟遊戲師傅。在當時，我總是最有錢的，喝酒、洗三溫暖都是我請客，我16歲就自己買一台車了！」我進去「公司」之後，整間公司成員都有吸毒，為了獲得認同，再加上好奇心，我也因此染上毒癮，海洛因、安非他命、強力膠……全都碰，毒癮發作的時候，會發抖、冒冷汗，當時，我才16歲。

16歲當車手吸毒，我自己做證件、當車、賣車，賺了不少錢；到18歲的時候，案件曝光，包括詐欺、恐嚇取財等等，一口氣累積有100件案子，全部在我身上。

我當時在桃園、新北市等地，連續在報紙刊登俱樂部徵才，佯裝誠徵男服務員及司機之分類廣告，以「楊主任」、「經理」等假身分約定時間和地點，與應徵者

見面，應徵條件包括必須自備私人轎車，或是攜帶證件
及2萬元擔保金，再出借轎車。應徵者以為錄取後，便
交付金錢、證件、車輛或其他財物，我和同夥就會把車
子拿去典當或變賣。後來因為當舖老闆察覺有異，向監
理站查詢發現是失竊車輛，隨即報警處理，車上有我的
指紋，想賴也賴不掉，案子開始像雪球一樣越滾越大。

　　案件曝光後，我就跑路到大陸，19歲的時候被抓
到，收押一年多。我還記得我落網時，身上有近300張
偽造的身分證，後來我跟法官求情，先讓我當兵，於
是，我一邊當兵、一邊開庭。

　　跑路的時候，我覺得沒有很辛苦，反而是當兵的時
候，心裡非常煎熬！

　　16歲到18歲的期間，我有賺到錢，不法所得拿去買
車、改音響，我甚至還可以拿錢回家孝順父母。但是當
兵的時候，收入銳減，每個月頂多5千元上下，口袋幾
乎是每個月見底！我的個性就很硬，打死不借錢，就在
我心裡難過的時候，一個同梯正好吃一碗香噴噴的泡

麵，那個香味不僅讓我飢腸轆轆，更是勾起我心中的不平衡，窮困感變成了拳頭，一拳就打向那個吃泡麵的同梯，他被打得冤枉，我自己也是不知道在氣什麼，兩個都是一陣莫名！

家裡需要錢的壓力，時時刻刻都縈繞在我心頭！

跑路10年電話詐騙兩岸 自寫SOP教旗下成員

當完兵大約是21歲、22歲，越接近退伍，就等於越接近我被關的時刻，和很多人比起來，我知道2年10個月的刑期，根本不算長。本來退伍之後，我想要去執行刑期，但是媽媽又嚷著要自殺，我心一橫、決定跑路。

這一逃，就是10年！

我持假證件從台灣坐飛機到大金門，再坐船到小金，然後再坐漁船偷渡去廈門。原本我們從小金門就可以直接用肉眼看到對面的廈門，但沒想到在偷渡的

時候，漁船居然要開9個小時！這十年中，我這樣從台灣、廈門往返，足足有四趟。

「20多年前，詐騙集團很盛行，我算是第一批。為了賺錢，我就是昧著良心下去做，甚至還製作教戰守冊，我都自己寫SOP。客人講一句話，我就會有10句話、20句話去回答，不能被對方問倒。」因為家裡需要錢，所以我很努力的做，我在最有錢的時候大概是25、26歲的時候，那時候手下將近200人，大概賺了4千多萬台幣，看似風光，但畢竟是跑路，卻也只能持著假證件低調生活。

21歲到31歲的這段歲月，整整10年的跑路生活我也沒閒著，不管是恐嚇的、哭訴的、還是假公安，我每天都在動腦，做詐騙也是要與時俱進，所以，我的腦袋幾乎沒有休息。

我們那時候在廈門的詐騙，最主要是靠依賴金門的基地台，這樣我們就可以從廈門直接打電話回台灣搖控，但後來基地台移動，再加上改成轉接，這個轉變對

我們詐騙業來說，直接就是死一片！為此，我只好回到台灣，轉而當假公安詐騙大陸人，沒想到這一趟回來，竟意外在高雄落網！

假冒公安詐騙反攻大陸
入獄轉念反思正道

　　原本我們是在中國大陸跨海遙控指揮，行騙台灣，後來大陸公安部門開始注意這種犯罪手法，加上大陸法律的詐騙罪刑責相當高，不少同行擔心遭到中國取締逮捕，因此紛紛將陣地轉移回台，並且反向操作、鎖定大陸人民行騙。我們會對大陸人民發送詐騙簡訊，偽稱台灣警察單位、中國公安機關查獲詐騙集團或偽造信用卡集團，通知其提款卡、信用卡已遭盜刷、盜領，請對方撥打指定電話查證，再將電話轉接至台灣，由集團成員假扮銀行職員、公安、經濟調查單位設陷阱詐騙。

　　原本警方是在跟監我一名有槍砲彈藥、毒品前科的

　　同伴，警方衝進來的時候，現場有10多人一起被逮，當場查扣被害人名冊、帳冊、中國地區手機號碼卡、詐騙收支筆記本、行動電話增波器、電話、增壓器、電腦、存摺、人頭帳戶、易付卡、手機等物。

　　這一次落網，我不想再逃了，家裡該還的債，我還清了。我自己該還的債，也該是清償的時候了！

　　若說我沒有一技之長，倒不如說我是詐騙翹楚，重操舊業根本就是駕輕就熟。但是這一路走來，我就是浮浮浮沉沉，回想起我當初和另外兩個兄弟，分別走上三條不同的產業：詐騙、房地產、遊戲業，另外兩個都是倒吃甘蔗，資產是算上億的；而我卻覺得自己像是在浪費時間，錢財來得快、也去得快，唯一慶幸地是家裡的負債解決了，我再也不用擔心了。所以，第二次入獄之後，我先戒毒，然後轉念：「出獄後不走回頭路，我相信以我的腦袋做正當行業，也是可以賺錢！」

　　算了算，我先蹲完2年10個月的牢，然後出獄1年多，再回去關那3年10個月。真心奉勸做偏門的人，你

去換算那個坐牢的時間和代價，真的是浪費時間！一個人只要有辦法轉換觀念，即使是走正財，還是可以賺到錢的。

所以，第二次進去蹲之後，我就立定志向，出獄後要開雞排店！

想賺錢就要創業做生意 鼓勵年輕人不要怕失敗

在別人的眼裡，我很有生意頭腦，只是我選擇什麼行業而已。所以，人生的第二次選擇，該怎麼選？操之在己！而我，也提倡年輕人要創業，但是有三件事情要特別注意：不要亂投資、以量取勝、不要怕失敗。

1.創業不要亂投資，例如：虛擬幣。

雖然我以詐騙起家，甚至擅長偽造證件，但是隔行如隔山，像我這種詐騙專家也會被騙！我在大陸被拉進一個虛擬幣的投資團隊，當時，我以為是真的，我自己

有投錢下去，我還找來一堆親友投資，沒想到這是個老鼠會，我當時賺的100萬元，原來都是介紹獎金！因為我曾經答應我拉進來的親友，一定會賺錢、絕對不會賠！但是我找來的人，他們自己沒有在找到下線，結果我為了信守承諾，自己後面拿出300多萬，去賠給我找來的朋友。我寧可賠錢也不要賠掉我的交情！

2.項目要對，以量取勝

我自己經歷過詐騙業，所以在我的認知數據裡，不管你今天在做什麼生意，做生意就是以量取勝。100個客戶名單，總有1個會買單，所以你的客戶基礎量一定要多，有量才有機會！在我眼裡，不管是賣雞排、賣車、賣房子都是一樣，尤其做生意就是交朋友，如果是服務業，服務項目也要多，像我就是把服務業項目做到做多、最大，發揮到極限！

我堅信服務項目多、顧客來源多，就是創業的入門判定。

舉例來說，我開車行，旗下有70多輛車，但是我就

覺得很奇怪：「為什麼白牌車不會賺錢？」思來想去，因為白牌車只有一個的功能，就是載客。那如果我多元一點，是不是更有搞頭？所以我就把它轉型為「萬能公司」，包括「NG油漆」、「NG搬家」，都是比一般行情便宜一點點，換句話說，除了載客之外，問路、幫忙刷油漆、搬家等等，只要可以累積客戶信任，或是車子派得上用場，我都努力做。只可惜當時賺了一小筆之後，我又開始跑官司、服刑，才不得不暫停。

3.不要怕失敗

不論是在哪一行，如果你是做業務或是創業當老闆，你就是在「做生意」，你就是在經營人脈，你才會明白盈虧自付、有輸有贏的道理。但是，如果你選擇當員工的話，你永遠只是死薪水、沒有贏的機會。

例如：自己開一家雞排店，成本不用10萬元，我就會鼓勵年輕人去試試看，看看自己是否真的有興趣？有沒有學習到什麼？有沒有辦法跟客人聊天、拉近關係？做生意很少有人可以一次就成功，創業的過程幾乎都是

跌跌撞撞，但是，像開雞排店的這個學習成本是非常小的，你有投錢下去才會很認真去做。尤其年輕人出來創業，最缺乏的就是實戰經驗，所以不要怕失敗，才有機會累積自己的養分。

　　如同我前面提的，我在服刑中開始規劃，就是出獄之後要開雞排店，而且，我要連開10家店。這不只符合我以量取勝的概念，同時，我認為一家雞排店的盈虧有很多因素，也不可能每一家雞排店都賺錢，基於截長補短，我希望每一家店小賺就好，累積起來也是很可觀的。

　　此外，我還跨足人力派遣、直播主經銷商、餐廳、工程行和百元住宿。雖然業務很多，但我自己本身在用錢方面是絕對不超支，我也會把這個運用到在做生意的原則，絕不借錢來做生意，也提醒自己永遠做自己能力範圍之內的事情。

人力派遣公司＋百元住宿 授人以魚不如授人以漁

我剛出獄的時候，也是透過「更生保護協會」的幫助，在桃園一家很有名的水果行工作。因為我受惠了，所以我也希望我的人力派遣公司，可以結合社會公益，幫助更生人一把，重返社會。

像我經營的「人力派遣公司」和「百元住宿」，就很歡迎更生人！我的人力派遣公司範圍包括物流、工地、工廠。對於更生人來說，其實很容易上手；至於「百元住宿」這部分，就比較特別。住宿費一天100元，又包含水電費，所以會住進這裡的人，基本上工作能力和經濟基礎會比較弱，我剛好可以照顧他們，我預計在2022年可以幫助500人。但是對於這些人，管理就很重要，在監獄裡「房有房長、樓有樓長」，把管理的觀念應用在現今社會，也沒有不可。

很多人因為沒有生活壓力，不愛工作、愛遲到早

退、一領到錢就不工作、講話沒頭沒尾不用腦的，這些都是生活環境因素所造就出來的，所以一個人會不會想，就很明顯。如果更生人來我這裡工作，我認為他的成功機會會比較大一點，我喜歡拉更生人一把！換句話說，我不只是給他錢、給他一個工作機會，讓他有機會可以翻轉自己的經濟狀況。那我也以過來人的經驗去教導他，在觀念上面給他一個正途的指導指引。

像我之前開餐廳，我自己根本不會煮，但是我願意出資幫助更生人，幫他圓夢。你透過我做生意，多數的分潤可能是一人一半，但我的提議是我出錢，他拿7成、我拿3成回來，你可能覺得我很笨，但我的觀念是「以量取勝」，這只是我一部分的投資，我還有投資其他人做生意，也許大家覺得我吃虧了，但是站在更生人的立場，他可以領的錢居然比我這個出資的老闆還要多，你說他會不會拼？我認為他會力拼到底！

我把監獄裡的運行制度運用在百元宿舍，宿舍員工很熟悉觀念和規矩，我甚至每天盯著大家起床，叫大家

出門工作賺錢。在我的認知裡，有些更生人的本質不是壞，他是因為環境的因素所以走偏，如果我提供有一個比較好的環境，我來提供他做生意的機會，我相信他們是有潛力的！這些有辦法犯罪的人，腦袋其實不差，他其實很聰明。而且一般人因為從小被家裡保護的太好了，很多更生人從小就是要想辦法在社會獨立生存，所以韌性很高，也是很努力上進的，只要把心思用在正確的地方，結果就會不一樣！

很多更生人員工都會有債務的問題，只要他肯出面做處理，那我都會幫忙。如果有人來討債，我就是想辦法跟對方斡旋、協商，把債務的金額壓低，或者是請對方直接對我，不要去找員工麻煩。那員工這邊，我就是盯著他賺錢、分期付款還給人家。

債主的心態其實也是很簡單，說穿了就是要錢而已。我會跟債主說：「你要嘛把他拖走，你就把他賣掉換錢，不然你就好好跟我談。那其實每個債主都是要錢啦～最後多少還是願意讓步，可能願意少賺一點，甚至

不用利息，這也相對是減輕員工的負擔。」小額的債務可以處理，大額的債務超過能力就沒辦法處理。假設員工的日薪一天1500元，那就還1000元給債主，債主有錢收、員工有錢生活、我也能保障員工這樣就是三贏！

只不過，我之前有遇過幫員工處理小額債務的問題，金額大約是6萬、7萬左右，誰知道我一還，他真的跑路了，經過那次的經驗，我就不幫忙還錢，只幫忙協商。

不要浪費時間後悔
而要把握時間開拓生命

我人生最大的後悔，就是「太慢去做我自己想要做的事情」但是與其後悔，不如往前看，我現在做的事情正是如此！對我而言，這不只是創業而已，甚至可以幫助更生人，它是商機、也是一種善心。

我相信人生是很多的選擇題和分叉路，若問我說：

「後悔過嗎？」我當然也後悔，如果我一開始就是走正途做生意，我的人生也許大不同。但是如果每天沉浸在後悔之中，那很多事情都做不了，日子也過不下去！

　　當人生找到了希望，我相信循著光明，有一天，生命自然也會開花。

願老有所終 前毒販設四安老院
照顧300孤老

廖國斌

廖國斌 個人簡介

現任：
十方安老關懷中心，真愛關懷之家（院長）

曾任：
十方安老關懷中心創辦人

2020馬來西亞十大傑出青年Top30

2020 MIYE 百大青年企業家

2022 GForty Top 40

「斌斌啊～我皮膚這樣，你不怕我嗎？」、「婆婆我啊～現在什麼都沒有了，我還怕什麼？你還願意這樣照顧我，以後我死了一定會保佑你的！」聽到這位高齡80多歲的婆婆這樣說，讓我明白，原來自己的人生還存有正面價值！

我的人生轉捩點，是安老院裡的生老病死，不只帶給我新的感悟，也讓我脫胎換骨！

愛賺錢卻經商失敗
誤交損友賣毒還債

小時候，我的父親是做生意的，家裡環境小康，我從小在華人新村長大，不喜歡讀書，一直想能快點長大，快點進入社會工作賺錢。我還記得父母曾經問我，為什麼不喜歡讀書？我回答說：「學校老師教導讀書與知識，但沒有教我們如何賺錢！」所以，我從小就對唸書興趣缺缺。

　　對賺錢有很大執念的我，國小畢業就輟學，然後到市場幫忙父親賣豆腐。我做過工、做過汽車銷售、做過銀行信用卡銷售代理，高峰時期約5位數收入，我自認我的銷售能力算是不錯。我也曾經營蔥薯批發事業，卻因為不善經營，最後以負債告吹。後來在朋友的慫恿下，我開始涉賭，從事地下賭盤，最後因為收款問題，再度欠下龐大的債務。

　　我本來的個性非常狂妄自大，去販毒的時候個性依舊不改，也不怕得罪人，因為在我心裡，我唯一的目標就是要想辦法把這個生意做大，其他的我就不去想。因為欠債，我參與販毒、做跑腿；為了還錢，我選擇鋌而走險！

　　從事毒品生意大約3年，我在2013年遭警方扣捕，被扣留了60天。在被扣留的第50天，身懷六甲的太太臨盆在即，自己一個人去醫院生小孩。「太太生孩子的時後，我卻沒有辦法在第一時間陪著她，是我心中很大的痛啊！」在經過警方的特批下，我獲得外出的准許，為

自己的孩子辦理出生證明。那時候，我就跟自己說：
「如果有機會的話，我一定要重新做人！」

同年年底，最終判決限制居留他州（Buang
Negeri）在彭亨直涼，為期兩年。好險，我運氣不錯，
政府只是被判勞改而不是坐牢，所以我是電子拘留去勞
改2年。新生命的誕生，讓我的迷茫人生有了不同的感
悟，再加上限制拘留的時間裡，我被分派到一家老人院
實行社會服務，我的人生大大轉彎！

主動去安老院服務
由奢入儉學習放下過去

在勞改時，我在當地看到一家老人院，那時候的我
想法很簡單：「不然就去看看有什麼可以幫忙的吧？」
於是，我主動請求老人院的院長收留我，讓我有機會可
以照顧老人。剛開始，院長有點為難，畢竟我是個犯
人，大家難免對我有所畏懼，後來警長幫忙介紹、說服

院長，我才待了下來。

「如果我今天沒有來到老人院，沒有遇到這些老人，我一定沒有辦法重生！是這些老人給了我蛻變的希望！」這段期間，我見證無數的生老病死，也目睹家財萬貫卻臨終無依，甚至也有彌留之際卻仍有滿滿遺憾。

那2年的生活改變我很多，老人院裡的衣服很多都是別人捐贈的舊衣，吃的、用的，也全部都是舊的。過去的我，因為生活過得還算不錯，到了老人院就和大家一起吃、穿、用、住，全身上下也跟大家樣都是舊的。

來到這裡，第一個要學習的就是「放下過去」！

為了照顧老人的食衣住行，我每天清晨6點多就起床，每天的日常就是幫老人家換尿片、洗澡、餵飯、帶他們去醫院復健或診療，我能做的就盡量做，總之，勞改的所有時間都奉獻在他們身上。

我曾經照顧精神異常的老人，他的故事給我很大的啟發！別看這種病患每天自言自語，活在自己的世界裡面，你看他傻楞楞的，我問他東、他回答西，但偶爾也

　　會突然很正常地回幾句話。有一天，他突然開口說自己
為什麼會變成這個樣子？他說：「我年輕的時候因為個
性太壞、做人太壞，導致我弟弟被一群人架著，抓到我
面前，他們故意當著我的面把我弟弟活活打死……」聽
說這件事對這位老人的打擊很大，他沒辦法放下，後來
就成了精神異常的模樣。

　　我心裡想：「如果我放不下過去，我以後可能也會
成為這個樣子！」看到他這個樣子，我也有所頓悟。

　　老人院裡的老人，最常見的就是慢性病和皮膚病，
很多住在這裡的老人一癢就亂抓，很容易抓出傷口，稍
微一不注意，皮膚病很容易就復發或是蔓延。有些不太
能夠控制自己行為的老人，有可能會被綁著，所以他們
過得很辛苦！

　　有一位80多歲的老婆婆，因為她的皮膚病很嚴重，
原本有印尼看護負責照顧她，但是這位看護看到她的皮
膚狀況之後就很害怕，只好叫我幫忙。「斌斌啊～我皮
膚這樣，你不怕我嗎？」老婆婆又尷尬又感謝地這樣問

我，我回她說：「不會，我不怕啊！」老婆婆又開口說：「婆婆我啊～現在什麼都沒有了，你還願意這樣照顧我，以後我死了一定會保佑你的！」聽到這位婆婆這樣說，我心裡很吃驚，因為當時我才進入那間老人院一個多月，她的這番話，讓我明白：「我的生命是有價值的！」我自己也是什麼都沒有的人，原來我還有機會幫助人！這就是我的價值！

婆婆給了我很大的啟發，讓我有信心重新站起來，我也告訴我自己：「我還是有機會重新做人的！」

回想起我在販毒的過去，一開始是走投無路要還債，所以就算再害怕，我也會硬著頭皮去做；後來我有賺到錢，債也還完了，卻因為錢來的太快、太容易，反而鬼迷心竅、離不開了，那時候的我每個月進帳6位數的馬幣不是問題。賺了錢之後，自然吸引很多豬朋狗友上門，特別愛跟我稱兄道弟，導致我三不五時跟朋友吃飯喝酒，天天夜夜笙歌，日子過得很糜爛，久而久之人不只變得自大，錢也像流水一樣花光。

　　我每天跟這些安老院的老人相處，一邊觀察他們、一邊思索人生，我想：「住在這裡的老人，其實有一些以前是專業人士、有人是大老闆、還有人是兒孫滿堂，他們為什麼會住在這裡？怎麼會淪落到一個人住在老人院生活？怎麼會沒有人願意照顧他的晚年、孤獨終老呢？」從這些老人的經歷，我明白一些人生道理，也因此漸漸放下狂傲的自我。

投身慈善事業遭譏諷
感謝恩師開導咬牙突破！

　　結束勞改的限制拘留期，我就回家賣火鍋，成績還不錯，也加入了當地一個協助老人的服務團體，也因為這個機緣，認識了十方安老院。後來十方安老院經營不善，有朋友提議我接手，我就想起自己先前都是因為照顧這些老人才有了人生新起步，我就毅然決然答應了！

　　接手安老院之後，才知道有多麼地不容易！

　　此時的我，已經回到故鄉，很多人知道我的過去，大家講話也是很直接、很難聽，他們說：「你是玩到沒有東西玩，所以開老人院來騙錢嗎？」有人笑我、有人罵我，卻完全沒有人相信我是真心想做善事！面對管理不易，要人沒人、要錢沒錢的窘境，我幾乎是從零開始，不斷地碰壁和突破阻礙。

　　經營安老院最大的困難，就是「錢從哪裡來」？安老院的營運需要社會大眾的支持和幫助，才有辦法撐下去。沒有穩定資金來源，我只能想辦法對外募捐，一開始找人捐助物資，就是不斷飽受冷嘲熱諷、被外界譏笑、也被家人懷疑。

　　「我不介意別人怎麼嘲弄我，我只在意如果我沒有足夠的資金，這些孤苦無依的老人會馬上流落街頭、看不到明天。」我相信「人在做、天在看」這個道理，所幸，我這幾年所做的東西，漸漸地受大到家的認可，不只有人會把需要幫助的老人或是流浪漢，送進我們這裡之外，也有很多善心人士願意捐助讓我們免於斷炊。

　　創辦安老院之後，一路走來點滴在心頭，我非常感謝我的恩師拿督邱芓詠Dato' (Dr) Calvin博士。2018年，我接觸到OE杰青商學院，因為課程的感悟，我把企業的思維運用慈善事業裡。

　　創業之初，因為我被嘲笑、被誤會，我深怕我的過去一旦曝光，會讓安老院被貼上標籤，所以我一開始覺得低調行善就好。但是我的恩師卻認為我應該大聲把自己的故事說出來，他非常認同我的初心，也認為我的故事相當勵志、非常吸引人，他認為要「說出來」，大家才會明白為什麼我這麼年輕就開設老人院？為什麼我這麼年輕就發願照顧老人？如果別人不懂我的歷程，別人只會認為我就是個老千！

　　後來我的故事、我的初心、我做過的善事，甚至這些老人的故事，我不只發貼文、也拍了短片，一點一滴在FB紀錄、分享，後來，十方安老院漸漸地獲得關注，也吸引不少年輕人加入義工團隊。

　　自從我願意公開自己的故事，十方安老院在地方上

有了小小的知名度，很多人因為這個安老院進而認識我。其實這個社會的善心人士很多，不少人會來參訪我的安老院，我也會不厭其煩地將這些故事和外人分享，透過這些善心人士我也意外得到一些生意，我想，這或是就是福報吧！

生我們養、死我們葬
4年來照顧300老人

在我自己開設安老院之後，也看了許多晚景淒涼的故事。

我有收留過一個老媽媽，她在路邊被人家發現，所以送來我這裡，經過仔細詢問之後，我發現這個老媽媽居然有7個孩子！我問說：「阿姨，你知道你7個孩子的名字嗎？」後來我就幫她錄一個短片，並且發佈在FB幫她尋找親人，後來真找到她的孩子！對方打電話給我，整整講了45分鐘的電話，主要陳述媽媽在過去的時

候是有多麼不好，我聽了之後，只說了一句：「家家有本難唸的經。」我後來也跟這位老媽媽坦白說找到她的孩子了，但是沒有人願意來見她！

還有另一位阿姨的處境，也讓人感到悲傷！這位阿姨先是被女婿送來我這裡，我們當時認為她有親人，所以這位阿姨第一次來的時候，我沒有收容她；第二次來的時候，這個阿姨是被騙下車的，女兒跟她說只是要去停車，待會就過來載她，沒想到這個女兒就這樣把人丟下、就走掉了！

我的本意是行善，但有時候，這些美意會被糟蹋。

會來我這裡的老人，不需要大人物的介紹、不需要其他慈善機構的介紹，只要我的安養中心有床位，只要來入住的老人沒有傳染病，並且願意配合院方的規定，我就願意收留。但有些老人原本是在別的安養中心居住，不是孤苦無依的老人，但因為我這裡是以公益為主，費用比較低廉，但別人只是為了要省錢，所以把自己的父母丟來這邊，這樣的做法不只讓人心寒，也更不

是我的行善的理念。

　　我堅持「生，我們養；死，我們葬」，所以有些原本只是為了要省錢的家屬，聽到當老人往生後，不能把遺體接走時，一開始還很吃驚地說：「什麼？我的父母往生了，我卻不能幫他處理後事？」我都會很直接地告訴這些子女：「你們養育父母連伙食費都說沒有能力負擔，你連讓他吃一碗飯、喝一口水都說有困難，那我請問一下，你父母往生了，你為什麼要帶走？生前你都不負責了，死了又是基於什麼理由要帶他走呢？」我堅持來我這裡的老人，我會負責到底。

　　我在2017年開設我的第一家安老院，接著在2018年、2019年、2020年，四年的時間各開一間安老院，在短短的5年內，收留超過300位的老人，其中還有100位老人，是我送他們走完人生最後一程。！

　　也因為如此，我在2018年投入殯葬事業，就為了實踐「老有所終」，連洗大體這件事，我都親自做過！

從人生低谷迎向光明
獲選馬來西亞十大傑出青年

　　我在勞改時，當老人往生的那一天，老人院也會幫往生者清洗大體，我就是在那個時候學會清洗大體。

　　我還記得我第一次幫往生者清洗大體時，我非常害怕，怕到一個極點！當時的院長就跟我說：「阿斌你怕什麼？這個人又不是你害死的！你知道你在幫祂清潔嗎？要跟祂講好話，以後你的福報會很大。」後來我就會對著大體說：「我現在幫你沖涼、幫你沖乾淨，待會幫你穿衣、誦佛經，讓你好走、好投胎。以後有緣來看我就好，但是不要捉弄我啊！」漸漸地，我再也不會懼怕死人。也因為如此，我在開設安養中心之後，隔年我就從事殯葬事業，為的就是完成自己的承諾。

　　很多人好奇，為什麼我有辦法開設非營利的老人院？我說我沒有計算，我只是默默地做，如果有老人來跟我求救，只要能力所及，我就幫忙。我相信這一切都

是上天的幫忙！說穿了，我也就是秉持「生，我們養；死，我們葬」的理念，也非常感謝許多善心人士願意資助、願意施棺，幫助這些往生者入土為安。

回想起創立之初，安老院面臨很大的問題，每個月幾乎都是資金見底，為了證明自己的信念，把這些難聽話拋諸腦後，我只能咬緊牙關向錢衝。幸好經過拿督的開導，再加上很多善心人士願意慷慨解囊，我的安老院慢慢步上軌道！

2020年，我入圍馬來西亞十大傑出青年，我是一個完全沒有學歷的人，這個獎項是花錢也買不到的殊榮，我從來沒有想過我可以入圍這樣的獎項，所以我非常感謝的我恩師拿督邱芓詠博士Dato Calvin Khiu，都是因為他鼓勵我將自己的故事寫出來，我才有機會被人肯定！

尤其疫情期間重創各行各業，我和一群志同道合的企業家辦了一場「一人一百，讓老人活下來」的慈善活動，成功讓因為封鎖期而面對零收入的安老院轉危為安。此外，我的恩師以及OE商學院的企業家們也願意

伸出援手，在2021年疫情行動管控的期間，贊助安老院2年的租金，費用達20萬4000令吉（約150萬台幣），如此善舉實在令人動容。

這段歷程對我意義重大，我靜下心來自我檢討和審視過去！

我認為過去的我是個對生活不負責任的浪子，毫無未來可言，所以，我必須要改變自己！這段歷程對我最大的啟發就是：「錢財賺多、賺少不重要，最重要的是家裡要和諧、身體要健康、凡事要珍惜！」我把事業上賺到的錢，投入到安老院照顧孤老，我也希望以自己的歷練，可以讓那些曾經或是正在誤入歧途的年輕人，拉回正軌之中！

我的人生，在30歲以前是低谷，但我從安老院的老人身上，重新審思自己。我從一個人毒販轉為慈善家，在人生觸底的階段反彈，重新找回人生存在的意義與價值。

廖國斌 /願老有所終 前毒販設四安老院 照顧300孤老

Rebirth Effect 更生效應

自己的人生就要自己定義
十位更生人重新定義人生的精采展現

送愛心餐雇用更生人
浪子回頭獲頒好人好事

劉文中

劉文中 個人簡介

劉文中（阿中）1982年次

強盜案，刑期：7年4月，民國98年8月至102年7月於台南監獄、花蓮外役監獄服刑。

現任：
翡翠燒臘茶餐廳創始總店負責人（四間連鎖店）

曾任：
狀元燒肉刈包松山店負責人

106年榮獲法務部頒贈好人好事代表

107年參選台北市南港區玉成里里長候選人（863票）

110年榮獲法務部頒贈友善協力廠商

110年榮獲台北市政府頒贈菁業獎

　　長期投身於公益活動，幫助上百位弱勢身份家庭，大小演講超過上百場，榮獲各大媒體專訪報導。

　　30歲以前，我都沒有從事過正當行業。出獄之後，我找了30個工作都沒有被錄取，但是，我沒有空難過，我只能趕快找下一間工作，例如：送貨員、水果行，因為我會開貨車，水果行就是勞力的工作。沒辦法，老闆聽到我坐過牢，幾乎都不敢用我……

不堪從小被同學霸凌
為求自保踏入黑社會

　　長得一臉憨厚、身高大約只有160公分的我，從來不與人為敵，但是不知為什麼，同學總是喜歡欺負我。從國小開始，我就被霸凌、恐嚇，連走在路上也會被不良少年攔住、搜身，不知道該如何反抗，一開始只能回家找爸爸求救，爸爸告訴我要以暴制暴，但是，這樣的情況沒有改善，我反而常被堵、被找麻煩。

　　國小的積怨未解，到了國中就更變本加厲、越演越烈！國二到高一的時候，我開始想保護自己、想要反

擊，於是，結交不良少年我以為是最佳捷徑！尤其國中
的時候，爸爸中風了，媽媽又忙著工作賺錢，朋友自然
而然成為我最親近的同伴，為了獲得同儕的認同，所以
一起做壞事，就成了最好的藉口，撞球間也成為我們三
不五時、流連忘返的聚集會所。

　　因為一直翹課、待在撞球間，出來混時間，總是得
需要零用錢花用，如果不跟家裡拿，那就只能想辦法自
己「賺」。可是我們一群未成年要怎麼賺錢？誰會僱用
我們？偷竊就是我們最好的選擇，我因為個子矮小，所
以負責把風，但也沒想到「矮小」反而成我的記號，雖
然我不是負責偷的那個人，卻因為我的矮小，反而讓被
害人印象深刻，總是遭到被害人指認出來。於是，總是
打架、偷東西的我，在16歲以後開始進出少年觀護所。

　　16歲那年，因為竊盜進了感化院，關了兩年多，出
來快19歲。在少年感化院裡，我又被欺負，但這次沒有
人罩我了。於是，健身成了我保護自己的方式，也成為
了我的運動習慣，至今依舊。當時，我的直覺就是我要

變更強、我再也不要被人瞧不起，我想要賺更多錢！因此，離開少年感化院之後，我跟了一個大哥，進入錢莊學習。到了20歲時，大哥染上毒癮，我因此離開他，自己獨立出來開錢莊。

20歲曾擁4間賭場
荒唐歲月至今印象深刻

在那個時候，小廣告放款再結合賭場，生意不難做，我常常就在賭場裡直接放款給賭客，叫他簽借條、本票，每10天就去收利息。有個住在楊梅的阿嬤，至今讓我印象深刻，這位阿嬤在菜市場賣菜，她有6個攤位，財力不容小覷！20年前，六合彩賭風相當盛行，這位阿嬤就很愛簽六合彩，也因為如此，她跟我借了20萬，按照慣例，我就是每10天要去跟她收3萬元的利息。有一天，我帶著小弟去她家討債，我差點被她家的獒犬咬傷，對我來說，我並非是真心想要傷害那個阿

嬤，所以最後左思右想，雙方私下和解，以6萬元結束這場鬧劇。

你還記得你20歲到26歲的時候，都在做什麼？我自認我在創業！我開錢莊、放高利貸、賭場，還有四間麻將場，20歲的我就已經擁有自己的BMW，看似風光。

那個時候，300底的、500底的、1000底的牌局通通都有，我的賭客包括上班族、貴婦、業務人員、兄弟……等等。我自己有請員工找牌咖，熟客也會帶熟客，因此生意還算穩定。缺牌咖的時候，我偶爾要下去貼腳，避免三缺一的情況；不打牌的時候，就要巡場去抓老千！有一次，我還真的抓到一個老千！

很多人好奇：「老千到底怎麼出千？」一般來說，台灣麻將是打16張，老千的手裡永遠會多兩張牌，也就是俗稱的打「18張」，那個老千就是在移牌的時候偷換牌，他會想辦法讓自己聽牌的時候，聽手裡的牌，然後再假裝自摸，因此他打麻將的勝率超高，總是贏錢！這個老千年紀將近60歲，又胖又高，很好認，等他自摸的

時候，我就抓到對方的雙手，一反轉攤開手掌，對方人
贓俱獲；百口莫辯，最後，家人就拿10萬元賠償金，才
解決這件事。

　　看似安逸的生活，卻因為我的賭場裡，我的小弟某
次賭輸錢，當眾掏槍搶劫賭客，演變成強盜案件，我因
為是屋主，看著案件發生卻沒有制止作為，因此變成共
同強盜而成為被告，遭判處7年4個月有期徒刑！26歲
時，我因此入獄，這一次，我終於清醒了！

每週一信滿是母親的不捨
我終於清醒了！

　　在沒有人同情我的時候，只有媽媽，還是願意相信
我、支持我、鼓勵我！

　　在入獄服刑的時間裡，幸好篤信佛教的媽媽拉我一
把，透過宗教讓我找回走下去的力量，也讓我興起重新
做人的念頭。服刑期間因為表現良好，2年後申請外役

監獲准，我為了貼補家中開銷，開始在監獄幫其他受刑人洗碗、洗衣，我也意外做起「小生意」。「可能是我態度很好，所以大家喜歡讓我服務吧？」我當時還請了10位受刑人幫忙洗，靠著不起眼的洗碗、洗衣，居然每月還能賺進2萬元。

想通日子沒有這麼難熬之後，我開始回顧我的青春少年，開始唸佛經，開始修身養性，我突然明白：「這一切都不是偶然！」人生總是會遇到很多關卡，就要讓我們去「學習」，被欺負是一種學習，待人處事也是一種學習，就看自己用怎樣的角度和方式去面對。

在獄中，因為行為良好，我在服刑了4年之後，31歲時假釋出獄。我回想這一路走來，都是媽媽身兼父職、賺錢養家，她一個女人含辛茹苦地要照顧中風的丈夫、養我和姊姊，還有阿嬤。如果我會想、夠成熟，就不會入獄，也不會白白浪費4年的牢獄光陰。而這個家，只剩下我一個男人，我得堅強、成為家裡的支柱才行！

出獄後，我要求自己一定要做到兩件事！

第一件事，我告訴自己「不走回頭路、不做壞事」！第二件事，「絕不跟家裡伸手要錢」！因此，找工作是我最當務之急的任務！卻沒想到，「走正途」這三個字，對我們這種人來說，看似簡單卻困難重重！

甫出社會想走正途
出獄後才是痛苦的開始

沒什麼學歷的我，只能先從打零工開始嘗試，例如：送貨員、水果行，因為我會開貨車，這些工作對我來說，能夠上工的機會比較大。沒想到，我找了30個工作，都沒有被錄取！但是，我沒有空難過，因為我心中只有一件事，那就是：「趕快找下一間工作，我得趕快賺錢！」好不容易到了水果行上班，真不知道為什麼？即使走了正途，我還是被欺負。

我在菜市場裡面賣水果，所有粗重的工作，老員工都會丟給我做，你以為人家看我在獄中蹲過，會怕

我？不但沒有，反而可能是因為我長的憨厚、個頭又不高，人家居然覺得說：「流氓了不起喔？」但我不想惹事，所以吞忍了下來。水果行的薪資不高，月薪只有3萬多，而且這份工作很吃體力，我覺得沒有未來，做了幾個月之後，我就離職去考大貨車駕照，轉做大貨車送貨員。這時候，我的月薪就有5萬了，我本來非常的開心，想說終於出運了！沒想到，做了3個月，公司積欠我薪水，我真是欲哭無淚。

　　「…之後，在2011年，『蛋塔工場』開設第一間門市，不到半年時間，就迅速擴展到12家分店。而且大家印象中的『蛋塔工場』，每一家都開在黃金三角店面，那時候官方都會宣稱員工薪水很高，甚至新聞報導全盛時期的『蛋塔工場』，全台門市超過80間，據說曾經創下一天賣5萬個蛋塔，年營業額超過2億元。結果是個大騙局！」這家「蛋塔工廠」傳出惡意吸金、倒閉，我就是其中一個受害者，官司打了一年，「蛋塔工廠」負責人跑路，竟是由中階主管出來調解，多虧了這位中階主

管，勞保局才給我補償金。

　　經過這個事件，媽媽的朋友介紹我去雲林學做代書相關的事宜。一開始，我以為會很有成就感，但後來發現也是一場浮夢，他們只是整天玩賽鴿，兩個月後我又打包回台北，轉去附近街邊的牛肉麵店上班，可惜薪水不高，做沒多久，我又離開了。

　　萬念俱灰的情況之下，我最後只好求助更生保護會，希望還有一線生機。

更保會開啟餐飲創業之路
減班裁員仍難敵疫情

　　更生保護會有提供中餐班免費的受訓，那時候更保會的老師還鼓勵我，我想辦法爭取受訓名額，終於錄取了！這讓我可以一邊受訓還可以享有政府每個月的補助，讓我的生活不致斷炊，受訓的時候，我發現我對餐飲有興趣，切菜切肉也是越來越上手。炒菜這件事，

其實是很講求工序的，例如蛋炒飯，你要先下油、再下蛋，蛋要炒到起泡才下飯。如果炒的料有生、有熟，生的料要先下、熟的料就晚下。我在餐飲的世界找到樂趣，終於，我考取了中餐丙級執照。

拿到證照之後，我就開始丟履歷，可惜再度因為前科，我又被拒絕了好幾家。終於，有一家「樂雅樂餐廳」願意接納我，我從底薪2.4萬開始從頭開始做，這家餐廳有進階考試，通過考試就可以加薪，5個站我全部過關，最後薪水依舊不到3萬元，做了一年多，我決定離開，但我至今非常感謝這家餐廳願意給我機會，這也燃起我從餐飲起步的創業熱情。

2016年，我就自己開了一間刘包店，開了近4年，因為不敵疫情打擊只好收店。2020年10月，我和朋友合夥開了翡翠燒臘茶餐廳，全盛時期在短短4個月開了4間店，可惜也是因為疫情摧殘，在去年5月陸續收攤，連我的總店也收了，只剩下一家加盟店獨力苦撐。

對於我的燒臘店，我真的很有信心！因為我的朋友

是香港人，我們是跟隨香港師傅的指導，特殊醃料調理
的獨門手藝，他道地30年的功夫就這樣傳給我們，連香
港人來吃我做的燒臘、烤鴨、蜜汁叉燒，都覺得很有香
港在地的風味！所以我才敢和朋友三人一起合開燒臘
店。當時，我的店還特地選在信義區，就是基隆路一段
靠近信義路那一帶，一開始生意真是不錯，我們開店不
到半年，還特地再花錢重新裝潢，希望可以用更好的面
貌來迎接客人。沒想到疫情升溫，政府祭出「禁止內
用」的政策，讓我倍受打擊！

　　原本，我的營收普通時段一天3萬，熱門時段一天
可以衝到4萬，但在「禁止內用」的非常時期，營業額
直落谷底，一天不到4千元，即使後來開放梅花座，客
滿時只能容納5位客人，一天營業額頂多只有5千。我們
每個月都會開股東會，尤其為了挽救業績，可行的外送
平台我全都參加，但是foodpanda抽35%、Uber Eats抽
32%、GOMAJI抽40%，除了利潤被侵蝕之外，對於營
業額來說，依舊沒有起色。

　　疫情第一波，就收了民權店，因為那間店的店租最貴，每月租金要要8萬；我的信義總店每個月虧損10萬，我也是撐到11月吹熄燈號；12月時，收了內湖737分店，現在只剩下西湖捷運站附近的西湖店，而我，從老闆之姿轉來這間加盟店當起了廚師。

自己經歷過最能懂
照顧弱勢回饋社會

　　在創業的路上，我一開始在家人的支持下開刈包、便當店，但在那兩年多的時間裡，我每天試菜、試湯，油炸的食物讓我越來越像一頭豬公！曾經有心血管疾病的我，一度連爬樓梯都會喘，我才發現身體在提醒我必須開始減重了，透過營養計畫，沒時間運動的我靠著飲食調整，在短短兩個半月健康瘦了12公斤，這一小段的減重之旅，改善了我的精神、體力、自信，也讓我做事更有衝勁！

　　後來，轉攻進軍燒臘餐飲，因為對我的香港籍恩師段沛民師傅的燒臘手藝，非常有信心，因此走加盟路線，而且還是免加盟金！除此之外，我還會親自到現場輔導教學一個月，即使區域是在外縣市，我依舊風雨無阻傳授所有技術，例如：脆皮烤鴨、脆皮燒肉、蜜汁叉燒、炒飯、燴飯……等等，還有開店須知事項，像是：餐飲知識、經營觀念……等等，我一定讓每個加盟業主可以從一張白紙到完全獨立作業。因為免加盟金、我又有技巧教學，所以在當時可以在短短4個月，拓展4間店，於我而言，我等於也走出了自己的一大步！

　　我在開設刈包店、燒臘店時，在生意穩定的情況之下，店裡有設置愛心餐，免費提供食用。除物質上的協助，很多鄰居、家長看到我的改變，常把孩子帶來與我對話，我會分享自己的經歷和心境，引導孩子走向正確的路。此外，在徵人的時候，我會特別加註：更生人身份優先，弱勢身份，身障，長期失業者，單親優先採用！因為對這些人來說，他們的工作機會本來就比一般

人不容易，我自己經歷過，更能將心比心。

　　以我自己的犯行來說，我的案子不大、罪責不重，但是出獄之後求職處處碰壁，真的是非常感謝士林更生保護會給了我一技之長，也很感謝願意雇用更生人的廠家，讓我有機會重返社會。「浪子回頭」有多麼地不容易，我也希望自己可以拋磚引玉、盡棉薄之力。

上天關了你一道門，就是要逼你從那扇窗爬出去！

　　我在獄中的時候，都在看佛教團體「台灣創價學會」的書籍，我覺得環境很重要，信念也很重要，因為環境和信念會改變一個人。在看佛教書籍的時候，這其中最感動的一句話，就是「冬必為春」。短短四個字，盡在不言中。

　　「冬天過後，迎接而來的必定是春天。」耐得住苦痛、煎熬的人，必能嚐到勝利的甜美果實。

　　人生不是任何時候都是春天，也會有像冬天那樣困苦的時候，但人不能因此而認輸，而且要心存正念，相信春天一定會到來。回顧人生時，什麼時候才是最幸福呢？那就是與困難鬥爭的時候。此時的狀態似乎很艱苦，但事後會明白，這時才是最光輝燦爛、最幸福的時刻。

　　我因為發送愛心餐，在106年11月，收到法務部好人好事的獎盃，講座上頭寫著「造福社會」；110年，法務部又頒給我一個「優良廠商」的獎座，台北市政府也頒發「菁業獎」給我，能和一些知名企業同台領獎，真的是萬分光榮。「以前動不動就是惹禍，要讓家人擔心的我，30歲以後居然是上台領獎座！」我的家人覺得很榮耀，從極惡到極善如此的反差，在我心中，這都是家人一路走來從未放棄我，才有的殊榮！

　　我從霸凌中成長，為保護自己而結交許多不良少年，導致行為走偏、觸犯法律。儘管出獄後，我也下定決心、改過自新，但卻在重新回到社會的路途上，處處

碰壁。當時一無所有的我，找工作頻被打槍，生活相當辛苦，好險我沒有被擊倒。

提供愛心餐給弱勢民眾，扮演許多叛逆少年的「心靈導師」，希望生活或心靈困苦的人，可以因為我而獲得一絲絲的溫暖。在幫助人的同時，我也獲得了無比的快樂，這些是30歲以前的我，很難理解的情緒。獲得好人好事代表的我，漸漸地讓很多人知道我的故事之後，我突然覺得：「也許，我可以做更多！」於是，我在107年時，出來參選里長，最後以863票落選。

沒選上不難過，反而因為這863票而感動！每一票都是一種信任，難能可貴。

我的成長過程很失敗，但我相信只要願意轉念，每個人都有機會！我一出獄就把抽菸、喝酒、檳榔全戒了，還趁著閒暇時間服務人群，以餘力照顧弱勢團體，引導叛逆之子回頭。創造自己的價值，你也有機會翻轉自己的人生下半場。

Rebirth Effect

重生效應

自己的人生就要自己定義
十位更生人重新定義人生的精采展現

感念母親不曾放棄我
獄後重生做西工拚事業

蔡林良

蔡林良 個人簡介

蔡林良/ 1980年次

案名：毒品販賣、槍炮，於民國95年11月1號執行，與109年7月3號假釋出獄。桃園監獄執行，後移監新竹監獄，

獄中優異表現：
在102年與新竹監獄申請報名學生隊求學，從國中部升學到高中部畢業後，再次報考升學班就讀一年後假釋出獄，期間有在監所參與矯正署舉辦全國團體隊形變換比賽全國比賽第二名。

現任：
世紀鋼構下包商祥興股份有限公司工作

曾任：
宇球國際股份有限公司工作

座右銘：
「知錯能改，善莫大焉」，人生不要怕重來。

很高興有這個機會，能夠參與這次有意義的事，更希望藉由我們的經歷，能夠喚醒還在服刑中的同學們，我們做得到，你們也一定可以。

「回去可能沒用了！」當時我在地檢署被起訴求處無期徒刑時，我那時候心情只有這一句話，我心想我這輩子沒了，為了自己的官司，我認真研讀六法全書，自己為自己打官司。民國95年因毒品通緝，後又犯下毒品販賣罪，槍炮彈藥，過失致死。判刑20年，於109年7月3號假釋出獄。

如果還可以重返社會，我希望餘生可以好好陪伴媽媽，在我服刑期間面對父親的往生，全賴媽媽每個月來會客，10年來從不間斷，親情支持我一路走過⋯⋯

父母失和備受打擊
做學徒求獨立存百萬金

若說起我的過去，我的家庭背景佔了很大的因素。我爸爸這邊的父執輩就是道上兄弟，因為這層家庭背景關係，我們家在那個鄉裡算是小有名度，但是爸爸長期在大陸工作，再加上父母離婚之後，所謂「人在人情

在」，那人不在自然就沒什麼情分可言了，人情冷暖可想而知。

小學五年級的時候，父母離異，雖然父母當時協議監護權歸給爸爸，但是我和哥哥就是比較喜歡媽媽，如果沒有跑去找媽媽就是離家出走。父母離婚的主因，當時的我和哥哥大概也是懵懵懂懂地略知一二，因為爸爸賺得錢和生活重心當時都在別人身上，都不是以這個家為重，最後導致夫妻失和、離婚收場。

家庭的背景再加上父母分開，以及親友的差別對待，對於這樣的落差，小小年紀的我，卻感受很深，因此對於我的個性和感知衝擊很大！到了快上國中的時候，青春期的叛逆再加上很想獨立，所以國中畢業之後，我就試圖自力更生，於是跑去當學徒，專職塔吊安裝拆除維修人員。

那時候的工作內容就是操作天車，換句話說，就是在蓋大樓會看到的T字型吊車或是舉臂式的吊車，這種「塔吊起重機」是建地不可或缺的重要機具。大樓剛開

始在蓋的時候，到了3、4樓開始組裝，等到樓層到了再慢慢爬升，跟著房子一起「長高」，它都是一節一節分解，然後再用吊車把零件一塊一塊吊上去、再來組裝。等到房子蓋好之後，我們一樣分解它，再一層一層慢慢吊下至地面。

　　每一次的作業都無法一人作業，拆裝要6到7人作業，爬升則是要4人作業，這樣的工作危險性非常高！我國中畢業之後去當學徒時，親眼看到工安意外，師傅當場喪命！「當時我正在天車的駕駛座裡，那個師傅吃飽飯之後，說跟我換班，叫我快去吃飯；如果我沒有換班，那麼喪命的，可能就是我了！」換班之後沒多久，意外就發生了！當時，那個基座整個倒掉，師傅就在天車駕駛座裡面，整部機器直接倒下來，駕駛座裡的師傅直接往生，另一名師傅則是腿部直接被壓斷！當時我才16、17歲，這個事件造成我心裡很大的陰影，久久揮之不去！

失戀難釋懷
接觸毒品花光積蓄走上販毒路

　　在這個學徒時期裡，差不多快4年到時間，我非常認真工作、認真存錢，我在當時交了一個女友，她也是家庭破碎，兩人背景類似，所以互相扶持、相知相惜，我甚至有結婚的念頭，她算是我的初戀，也幾乎是我的生活重心。

　　這一段純純的愛，後來卻是分手收場，當時失戀的時候，我覺得很不甘心。「跟她在一起的時間，我都沒有跟朋友出去玩，全心全意就是工作賺錢、存錢，所以我才16、17歲的時候，戶頭就有100多萬！」我那時候底薪3萬多，加獎金4萬多，和她一起住在鐵皮屋工廠裡的隔間，就為了省房租。因為失戀的報復心態和彌補心態同時堆疊，「我要玩回來」的想法就付之行動，我一個從小就認識的好兄弟，他想說要安慰我，然後兩個人一起出去玩，後來兩人想說要見見世面，因此接觸到安

非他命，沒想到竟從此一蹶不振！

　　吸食安非他命的感覺就是很有精神、睡不著，年輕人睡不著當然就想出去玩。

　　正常人一天玩12小時就受不了了，我可以一口氣玩24小時，一天當作兩天用！後來玩到體力透支，也沒辦法正常上班，再加上親眼目睹工安意外，我就離職了。離職後，我也沒有馬上找工作，仗著自己有點積蓄，我到處玩樂，金錢只有出、沒有入，積蓄很快就花光了，無心工作的情況下，我也從吸毒變成販毒。

　　第一次被抓的時候，其實警方是要抓有槍枝前科的朋友，我剛好去他家玩，警方衝進來的時候，剛好桌上有吸食器，結果一群人全部被逮，交保候傳。後來，我陸陸續續被抓了2、3次，以前的舊法就是會先被裁定送勒戒。勒戒後、當兵前，我被抓到兩次所以被裁定戒治。當兵時，又因為跟同梯一起在廁所吸毒被抓到，被判軍法一年。在我下部隊沒有多久之後，法院有針對先前的案子開庭，後來要我先當兵，所以我帶著判決書去

兵役課報到，兵役課卻叫我先去執刑後再報到，結果，我既沒去執刑也沒會去當兵，我就被通緝了。

換句話說，我當兵當了快3年、跑路跑了快2年，才又被抓回去再坐3年的牢，最後才把兵役服完！再回去當兵的時候，已經25歲了。退伍之後，我依舊無心找工作，終日渾渾噩噩，除了吸毒之外也想說賣毒品賺錢比較快。

「我以為我可以控制毒品，利用毒品賺錢，沒想到還是被毒品控制了！」

之前在戒治的時候，我有很強烈的想法就是不想再被毒品控制，像海洛因這個東西，因為會有成癮性，毒癮發作的時候會拉肚子、流鼻水，戒斷症狀會持續2、3天，直接影響正常生活。販毒的時候，我也以為我不會再吸毒，沒想到撐不到半年，我還是又吸毒了。

最後落網的那次，是因為我的手機和車子都被警方鎖定，當時的女友開著我的車被抓到，警方才循線在我的租屋處找到我。官司打了三年多，最後三審定讞判刑

20年。後來才知道有期徒刑實關15年之後，有機會假釋出獄，我心裡才稍微鬆一口氣！

進入學生隊、參加隊形變換賽 在獄中力求上進

入獄之後，老獄友一直安慰我說：「你還年輕啦～出獄也才50歲、60歲，沒關係啦！」但是我聽了之後想說：「如果我50歲、60歲才出獄，我還能幹嘛？」坐牢的時後，因為無所依靠，尤其爸爸在我服刑中就過世了，開始對於「生離死別」有了很大的感觸。

面對兒子被判處這麼長的刑期，我媽媽算是堅強，很少在我面前掉眼淚，直到來會客的時候，語重心長地對我說：「阿良啊～你回來的時候，我都不知道我幾歲了？我也不知道能不能等到你回來？」聽到媽媽這番話，我心裡就跟自己說：「不管怎樣，官司一定要好好打！如果有機會能回去，我一定不會再讓家人失望！」

　　大家都知道吸毒不好，我也知道啊！但是你正在吸毒的時候，很難想到這些後果，更難想到自己會被判這麼重！

　　我一知道自己要蹲10年以上的牢，我不想浪費時間在工場裡，我就告訴自己：「我要想辦法在裡面求學！」除了課本以外的讀物，我喜歡看小說，不然就是努力背英文單字，想辦法讓自己在求學的過程中，去發掘自己喜歡的事物。另外，我喜歡運動，所以健康和健身類型的知識會也較吸引我，特別是我估算我出獄時一定是中年以後，所一定要把身體顧好，才有體力繼續在工作上打拼。後來。

　　除了把握時間好好充實知識外，在獄中最有趣的回憶，大概就是參加監獄全國性的「隊形變換」比賽，比賽內容仿照日本體育大學的隊形變化表演，透過多樣複雜及創造性的變換操練，呈現收容人「紀律」與「創新」，因為這個和報假釋的責任分數有很大的關係，所以我很重視。天氣好的時候，練習就得忍受風吹日曬，

如果遇到下雨就移到禮堂練習。

因為我們每個人走的位置其實是不一樣的，一開始會有細部分解，然後每個人要記自己的路徑，要記住什麼時後要左轉、右轉，除了腳步要跟上之外，還要有在心裡默念拍子，眼睛要看前面、還要偷瞄旁邊有沒有對齊。每天練習時間是從上午9點開始練到下午3點多，週末的時後大家在放假，我們也是得抓緊時間繼續練，練了快半年，幾乎沒有休息，比賽時間是5分鐘，後來拿下北區第二名，以及全國第二名！

被積極打動卸下心防
教誨師給我正能量

失去自由的時間裡，我都會寫信給媽媽，跟她報告我在裡面的日子過得如何？其他多數都是向媽媽問安的日常，還有關心媽媽的健康，畢竟我人在裡面，日益衰老的媽媽，總讓我不由得擔心她過得開不開心？好不好？

　　除了媽媽以外，另一個改變我最大的是一名教誨師！

　　一般來說，因為很多人的刑期很長，所以監獄裡多數的氣氛是比較壓抑的，很難看到有人會在外面嘻嘻哈哈、打屁聊天，就算是運動時間，放鬆的心情也是很短暫的，畢竟每個人有自己的故事，有自己的心事。所以，當我遇到有位教誨師之後，我才比較放下戒心，去接受他的正念和正能量以及學習區分惡友和益友。

　　像阿樹（本書共同作者），也是很有正能量的人，因為在獄中，大家的資源都非常有限，他卻非常用心地去幫助需要幫助的人，有什麼問題問他，他都會盡力幫你，而且他電力十足，他一但決定做什麼事，他就一直做、一直做，這也算是益友類型。

　　此外，只要我們有什麼困難，這位教誨師就會想辦法幫助我們，帶給我們很大的正能量。他知道我們被關在裡面是和社會脫節的人，他會做一些剪報之類的東西，帶進監獄給我們看，讓我們知道外界的消息；他也

會把已經出獄、回到社會正軌的更生人案例告訴我們：
「人家做得到、你們也做得到」，我很少看到一個教誨師可以這麼積極、這麼用心！

「因為家庭因素，所以我以前的個性很衝動，只要不高興，我就動手打人，用拳頭來發洩情緒。那時候也覺得不管發生什麼事情，家裡會幫忙大事化小、小事化無，所以做事情就比較無所忌憚。」後來家族沒落，我也慶幸自己沒有加入幫派，這段人生歲月中最後悔的事情，就是毒品浪費我10年青春！

從24歲到40歲這段最青壯的年華，我卻是浪費在監獄裡，每每得知跟我同年齡的同學、朋友都結婚生子了，甚至有人還已經做了少年阿公，都讓我感觸良多！事業的部份，我本來是超前部屬，還沒18歲就存到人生的第一個100萬，結果因為毒品讓我積蓄歸零，現在更是慢了10幾年之後，要從頭開始打拼！

也因為已經浪費掉10年的光陰，所以我只能加倍打拼！

人生不怕重來！
盼自己的故事能鼓勵更生人向善

　　剛入獄的時後，那種複雜的心情實在難以形容，「很徬徨」這三個字是我對自己的解讀，直到確定刑期是判20年的時後，心裡才有塵埃落定的感覺，同時也決定要進入學生隊，把以前沒完成的學業補回來。如果我沒有進入學生隊，我想我可能不會有所成長。因為學區裡面會有人會帶起正向的氛圍，有讀書的氛圍也會讓大家過得比較充實，尤其現在已經重返社會，更促使我卯足全力想辦法賺錢！

　　一開始我是先回到以前國中做學徒的地方，但後來因為薪資福利的關係，我做了11個月就離職，輾轉來到世紀鋼構下游的承包商公司。

　　說實在的，多數的更生人甫出社會之時，還是需要外界的社會能夠友善接納我們，尤其是希望一些企業團體、工作環境可以對更生人和善一點，像有一些工作是

　　需要良民證的，我們就辦不下來，更遑論求職？我運氣
比較好，因緣際會在在世紀鋼構的下游承包商工作，其
實像世紀鋼構也有在外役監部份幫助更生人重生，這點
就很值得讚賞！

　　我也很感謝我的朋友，因為朋友關係我進入「西
工」這個行業，專攻電銲、還有鋼構樑的設計圖。很多
外行人不知道「西工」是什麼職業？其實「西工」就是
所謂的焊接師傅，也就是鐵工，但是我這一行要會操作
天車懸吊重物、裁切鋼板形狀、製作看板或組裝鐵門
等，樣樣都要會，換句話說，我們得長時間面對高溫和
危險器材，每次上工也有可能會傷害眼睛，耗損健康。

　　做專業性的技術點工，最大的好處是單日薪資比較
高，而且還是享有勞健保的保障，我也是一邊做、一邊
精進自己的專業。其實一開始我也是可以選擇進入世紀
鋼構，但後來還是選擇進入下游承包商，做日薪、日領
的工作比較適合我。

　　很多人下班回家就是喜歡耍廢，但我覺得如果我還

有體力，只要可以工作賺錢的時間，我寧可選擇加班。
像我平常下午5點多就下班，回到租屋處之後，我也是
洗澡、休息、看電視，但是這3個半小時拿去加班的
話，我還有加班費可以領，差不多就是半天的薪水，只
要可以多賺、我一定選擇多賺！因為我在坐牢的時後，
錯過了很多可以陪伴媽媽的時間，我現在最大的願望，
就是媽媽可以一直很健康，多賺點錢帶她四處遊山玩
水，以彌補這些年沒能陪她的時光。

　　此外，只要是關於公益的任何事情，或是可以幫助
到人的事情，我就會想要去做。我相信我們也是可以撒
下希望的種子，帶給別人光明與正向！

　　要在陽光下攤開自己以往的經歷，其實不算容易。
但我希望說出自己的故事，坦蕩地面對自己的過錯，勇
於承擔責任；也希望我的例子，可以提醒一般人不要走
上我以前的歹路；更希望可以鼓勵到還在執刑的獄友
們，畢竟我們是從裡面出來的，最終的目的就是希望讓
大家知道，「知錯能改，善莫大焉」我們也是會發憤圖

強，只要給我們機會，我們也是願意走上正途，而不是外界所想的回籠率怎麼樣！

「逝者已矣，來者可追」我是覺得不管怎麼樣，一切還是看自己怎麼去決定。未來的路怎麼走？最終還是掌握在自己的手上！你走過的路，終究會成為風景，存在於回憶；你所有經歷，必將成為你的人生養份；你曾經的負擔，終會蛻變為你的禮物；你若能成為自己的一盞燈，必能照亮你未來的路！

販毒遭逮被判22年頓悟
身兼二職腳踏實地求新生

錢柏均

錢柏均 個人簡介

姓名：錢柏均 Bird / 1986年次

案名：毒品危害防制條例 ，民國九十七年十月服刑至一百零九年四月假釋出監，桃園監獄（收押禁見）、台北看收所（上訴）、台北監獄（發監執刑）

獄中優異表現：
於台北監獄擔任第一教區服務員，負責宏德月刊編輯排版，以及協助長官製作全監獎狀等文書工作。期間獲得文康活動、徵文比賽、春節花燈、作業獎狀還有戒護獎勵等二十餘張獎狀。

現任：
凱翔國際車業業務經理、喜來麗健康食品經銷商

曾任：
杰智人力資源公司合夥人、星磐企業員工、住商不動產營業員、食品從業人員

座左銘：
「取之於社會，用之於社會，莫忘初衷」

能夠跟志同道合的同學們一起參與公益活動，完成當初在圇圄中一起發願要做到的善舉，領悟生命的真諦，正能量萬歲！

「嗶嗶…」員警吹著警哨、手中揮舞著指揮棒，示意我放慢速度，停車路邊受檢。拿出行照、駕照，配合員警仔細核對駕駛身分，殊不知，員警突然搜車，車上的K他命，就這樣硬生生地被搜了出來！

「先生，請問這是什麼？」我被問得臉色一陣青一陣白，當然，員警也不是省油的燈，當下，我因為持有毒品而成為現行犯！這是我第一次出事，猶記得當時是桃園保安隊臨檢時，在車上被發現毒品、人贓俱獲，當場被抓、直接收押，後來以10萬元交保候傳。

下游反咬從持有變販毒
初犯無悔意遭求重判

我一開始是被搜到毒品，原本罪名是「持有毒品」，但在我交保候傳期間，我的下線也出事了！「因為供出上游毒品是有減刑的，他就說他的毒品是跟我買的，那買一次就是算一罪，他所有的販毒紀錄，都說是

我供貨給他，瞬間，我從持有變成販毒！」案情急轉直下！

　　官司打了一年半，先收押到桃監上訴到北所，當時一罪一罰剛實施，我被起訴10幾條，被判有罪的有7條，一罪就是5年刑期，這樣算起來刑期就是35年起跳了！後來開庭的時候，就「一票到底」直接被羈押。我還記得，一開始我在地院打官司時，我只是個大三學生，我心想：「只是持有毒品，應該沒有那麼嚴重吧？」但法官可不這麼想！

　　法官認為我的知識程度不應該犯這種罪，他認為我知法犯法，再加上我犯案次數多，後來有分案審理販毒案，又衡量我犯後態度不佳，我死不認罪，因此被加重罪刑，遭宣判26年。後來刑期雖然有減一點，但還是很重，最後，我被判22年的重刑。

　　我只能說我官司運不好，我選擇義氣一肩扛下沒有供出上游，再加上是初犯沒有經驗，後來獄友才告訴我說：「你根本不用請律師，你就是一路認到底就對了，

你認罪的話頂多判10多年，法官裁量權很高，你越讓他
覺得你犯後無悔意，就更難減刑。」還說：「如果請到
不對的律師，打官司的意義就不大了！像我這種案子，
法官、檢察官的主觀意識很強，不會認為你是無罪的！
我們沒有看過有人的毒品案是無罪的！」

大學生賺快錢好入袋
八大行業打工誤入歧途

俗話說：「近朱者赤、近墨者黑。」這句話一點都
沒錯，環境真的會造就一個人。我一個大學生可以販
毒，回想起來，當時的價值觀真的是偏差了，但當下，
我卻渾然不覺。

我的家境算是小康、沒有經濟負擔，我大學就讀夜
間部，因為空閒的時間很多，當時覺得打工很好玩、想
挑個簡單又容易賺錢的兼差，於是在大一的時候，跟著
朋友去八大行業打工，我負責接送傳播小姐上下班，也

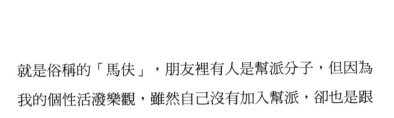

就是俗稱的「馬伕」，朋友裡有人是幫派分子，但因為我的個性活潑樂觀，雖然自己沒有加入幫派，卻也是跟這些小兄弟混得很愉快，因緣際會之下，接觸到毒品。

八大這個行業，說複雜很複雜、說單純也很單純，每個行業都有它的甘苦。傳播小姐、酒店小姐看起來好像很好賺，一天可能可以賺個幾千元，甚至上萬元，但那也是得喝下一杯一杯的酒，用她們的健康換來的，有的酒客又很愛灌酒，沒辦法拒絕。像我自己的話，通常就是熬夜，再不然就是會有些突發狀況發生，例如：小姐突然不上班、或是遇到比較盧的客人⋯⋯等等。

雖然沒有大事，但總有一些眉角要注意，尤其是和客人的應對進退，最容易發生糾紛，像有些客人可能酒一下肚，喝多了就脾氣暴躁，沒辦法正常溝通，這時候我就要幫忙圓場、交涉溝通，處理雙方情緒。在我眼裡，八大也是服務業的其中一種，出來做生意，身段放軟一點總是比較好的。

小姐捧場客源絡繹不絕
毒品生意越做越大

因為要時常面對這些不理性的客人，所以小姐的工作壓力很大，有些人就會尋求毒品的慰藉，來放鬆自己、逃離現實。另一方面，小姐的收入來得快、也比較高，相對地比一般人有經濟能力買K他命，甚至是每天花錢吸食都有可能。

因為我的工作是馬伕，是最常接觸到小姐的人，在藥頭眼裡，小姐就是肥羊，而我就是最好的中間人，所以，就有朋友把毒品放在我這裡，請我幫忙賣。此外，我不是批貨，我是代銷，所以我也沒有付出成本，只要有賣K，賣一支就給我3成利潤。

有些小姐知道我身上有貨之後，想說同公司的馬伕，與其買毒品給別人賺利潤，不如給自己的同事賺。另外，還有人會賣黑心毒品，就是在其中參雜鹽巴或是玻璃，吸到玻璃會流鼻血，這是最沒良心的，而且小姐

很快就會知道品質差異。

　　一開始我也不懂，後來才理出經驗和頭緒，那我覺得做生意就是要做長期的，我只會跟信任的人拿貨，我也很在意信用和評價，對方如果賣我假貨我下次也不跟他拿貨了，所以，小姐跟我拿貨是安全又方便，也會幫我介紹客人，我的生意還算穩定不錯。從原本的幾支到後來我是以公斤數的在叫貨，自己做分裝。

　　我才賣一年多就出事了！進去監獄之後，才開始檢討自己的天真，現在回想：「個人造業個人擔，這就是命吧？！」也只能放下過去了…．

販毒遭逮入獄
父母淚崩自責：都是我沒把你教好

　　全盛時期的時候，我大概月入十多萬元，我也沒亂花，幾乎都是拿回家孝敬父母，父母還以為是我在夜店上班的薪水。我因為販毒案入獄的時候，我的父母根本

晴天霹靂，心想：「好好的孩子，個性也很乖，怎麼會去碰毒品？而且還是販毒？」因為我自己完全沒有吸食毒品，行為舉止都很正常，所以他們根本無法想像我犯了重罪！

我一開始交保之後，我有配合去開庭，然後就被一票到底直接去坐牢。很多人是案情確定之後會收到執行指揮書，到真正進去關之前還有一小段日子，那這段期間還有個緩衝、調適、整理，或是去跟朋友道別，我卻是很突然就與世隔絕，所以不只我的父母覺得晴天霹靂，連我自己也是很措手不及！

我的父親有陪我去開庭，親眼見到我被當庭收押，我的父母其實很自責沒有把孩子教好，他們也很擔心我在獄中過得好不好，將近12年的歲月裡，他們每週都來看我，完全不曾間斷，父母每次來都會準備我愛吃的，但其實只要是母親煮得菜我不挑嘴、我都愛吃，只是在獄中的伙食青菜居多、份量也有限，所以母親都會幫我準備雞腿、滷肉、炸豬排之類的，一想到這裡，害父母

為我這樣奔波和操心，我就感到萬分地內疚和虧欠！

剛入獄難調適
終日像行屍走肉企圖輕生

我的案子上訴到最高法院被駁回，律師費花了10幾萬，跟那些耗時很多年、動輒百萬律師費的官司相比，相形之下，這已經算是一個毫無懸念的痛快！

但是剛入獄的時候，我當時覺得不可置信，心想：「這是作夢嗎？會不會睡醒了就在家了？」我每天過得渾渾噩噩，整個人像是行屍走肉般，我完全不敢相信這種事會發生在我身上！我心想：「就算是販賣三級毒品，怎麼判得像跟殺人罪一樣重？」我的青春就將在獄中度過，讓我一度有輕生的念頭，想辦法要自我了結。

因為我的案子是發生在民國97年，後來到了民國100年時，大家都抱著建國百年會減刑大赦的心情；此外，在獄中還有個小小插曲，我剛好跟前總統陳水扁也

算是有緣，我出事那年正好跟他關在一起，在北所遇
到、在北監也遇到，我一路追隨他的腳步換監，不過人
家畢竟是前任元首，有專人看顧，遇到還要迴避，深怕
他有個閃失，提到他的原因是因為很多獄友，曾幻想說
會不會換個執政黨，也有機會來個特赦？所以只要一看
到他，就像是看到彩券一樣，抱著一個期待。

　　減刑，是我們受刑人全體最期望的事情，大家都在
熱烈討論，沒想到全部希望落空！總統都換兩任了，都
沒有盼到減刑，根本白期待一場！與其如此，不如好好
振作。

我們會等你的！
親情喊話喚醒迷途羔羊

　　如果我能振作起來，第一個要感謝的，就是家人的
鼓勵！「開心是一天、不開心也是一天」我抱著這樣的
心情自我安慰，想辦法轉念，也花了很多時間在調適心

情，幸好家人始終沒有放棄我、持續鼓勵我，他們也會不斷提醒我：「你不要擔心，爸爸媽媽會等你。」

在父母的來信中，有一封信我一直收藏著，這封信是父親親筆寫得：「你國中原本是資優班的學生，但因為你不想上輔導課、想早點回家，就沒讓你上輔導課。到了高中，讓我選自己想念的私校，都是因為對我太放鬆了，才會導致你一步一步走偏差。」父親在信中一直自責他從小對我太好，處處都順著我的意，才害我鑄下大錯。

看完那封信我情不自禁地自責落淚，再加上父母漸漸上了年紀，我也希望可以快點出獄可以孝順他們，我才有勇氣面對漫長的刑期。心情比較開朗之後，再加上運動，以及閱讀勵志書籍，這才逐漸走出心理黑洞。

這麼長的刑期，要打發時間實在很不容易，我自己本身也喜歡看歷史書籍，所以《曹操傳》對我的影響最大！我覺得曹操這一生雖然大起大落，歷史評價很兩極，歷史定位他是個梟雄，但是我認為他活得很精采，

不枉此生。東漢末年著名人物評論家許劭曾經評論曹操
是「治世之能臣、亂世之梟雄」，意思就是「你曹操
如果身逢治世，那你能夠成 一個能臣；你如果身逢亂
世，那你就是一個奸雄。」我覺得說的很對，雖然他有
些手段很殘暴，某種程度上來說，我覺得他不輸劉備。

　　雖然我小時候看的小說都說劉備是正義的一方，曹
操則是壞人，但是長大後，就會知道事情都是一體兩
面，不能只看單方面的角度，尤其曹操也算是在亂世
中，為三國統一奠下基礎的重要一角，能被歷史記上一
大筆，也算是種成就。看著這些書籍，讓我沉浸在歷史
的洪流裡，暫時忘卻牢獄之苦。

編輯期刊以文會友
結識摯友發願行善社會

　　除了歷史小說之外，我在獄中也有編輯《宏德月
刊》，在擔任編輯的過程當中，就會看到許多投稿，其

中一個就是何金樹的文章。

「阿樹可以說是我的貴人耶！我真的很喜歡看他的文章！」我跟阿樹的相遇非常有緣，真的就是以文會友。我們兩個在不同單位服刑，也在不同的教區，所以，在原則上，我們根本沒有機會認識。但有一次，我們都是雜役服務員，我們會幫長官處理文書，所以會接觸到電腦。

當時獄中有獎勵讀書風氣，包括漫畫、小說都可以納入參考書目，後來還有舉辦「巡迴書香」的讀書會，我是第一教區巡迴書香的負責人，而阿樹是第六教區巡迴書香的負責人，我們倆負責交換書籍才看到彼此的識別證，就很驚喜！「原來你就是錢柏均啊！」因為在挑稿件的時候，我們都有看過彼此的文章，也記得彼此的名字，神交已久、一見如故。

在現實社會中，我是用毒品交朋友；在獄中，我竟然是因為書香結識好友，真是有趣又奇妙的緣分。

在獄中，如果有公益團體有來我們監獄做輔導、捐

贈、捐助、慈善義演、關懷收容人等活動，我都有感動
到。我覺得我在獄中有被幫助到，自然也會希望如果我
以後有能力，可以幫助一些需要被幫助的人，我一定義
不容辭。尤其結識阿樹之後，我們就一起發願，如果有
能力的話，要一起做公益、回饋社會。我也很感謝阿樹
帶著我一起做公益，出獄後的每個月，他都有邀請我一
起參加，只要我有放假，我都會共襄盛舉。我們從2021
年9月開始，會挑選一些需要被資助的育幼院、教養
院、長照中心等等等，2022年3月份我們去了桃園平鎮
的教養院，在這一段行善的日子裡，我也是得到很大的
感動。

珍惜光陰不虛度光陰
放眼未來為出獄做準備

　　坐牢就是一種浪費時間，很容易虛度光陰。你要在
獄中要怎麼過？也是取決於自己。

像阿樹為出獄做準備，就是準備和房地產相關的考試，當大家都在打屁、閒聊、追劇的時候，他完全沒有浪費時間都在苦讀。阿樹在我眼裡，就是一個很重要的典範！受到他的鼓舞之後，我雖然沒辦法像他這麼認真，但我會在閒暇時會看英文、還有健身。我個人覺得健康很重要，不管未來出獄要做什麼？有健康的身體才有機會實現夢想！當馬伕的時候，看到小姐為了賺錢把自己的身體喝垮，為了消除壓力所以吸毒，搞壞自己的身體，所以我對於健康這件事情看的很重要。因此，我在獄中吃得很健康，也固定維持運動習慣，我認為如果沒有健康的身體，賺再多的錢也無福消受！

　　我從97年10月關到109年10月，蹲了將近12年才假釋出獄。出獄之後，我的目標就是找個合法、穩定的工作，只不過一出獄，有很多東西要適應，對我而言，手機變化最大！

　　我畢竟和社會脫節了將近12年，我入獄前的手機就

是一般手機，通話、打字傳簡訊，根本沒有視訊這回事，蘋果這個牌子那時候才剛出來，甚至那時候通訊軟體也只有MSN。怎麼一出獄就是智慧型手機當道，MSN沒有了，通訊軟體變成以LINE為主，我摸索了一個星期才上手。

工作的部分，一開始我身兼二職，白天做殯葬業，晚上睡覺休息一下，凌晨再去人力公司上班。

殯葬業部分，那是朋友開的禮儀公司，他找我去幫忙，我想說剛出獄就多方嚐試，我就從內勤、送飯開始做起；至於人力公司也是朋友開的，工作內容是要和物流公司配合，而我的職責是撿貨、理貨，像有些貴重物品貨是易碎品就要小心、不能亂丟。這兩個工作做了快一年，後來考量薪資和前景，所以就離開了。因為阿樹的關係，我也有考上不動產的相關證照，但是當仲介做了一兩個月之後，發現自己不適合，只好轉換跑道。

上市櫃食品公司無私接納
更生人重返社會獲新生

所幸，在朋友的介紹之下，進入上市上櫃的食品公司當生產線作業員，每天上班時間是早上8點到晚上7點半，這裡的環境很穩定、福利也不錯，而且我進到這間公司之後，發現公司有很多同仁，和我一樣有前科的也不少，我非常感謝這間公司願意接納更生人，所以我很珍惜這份工作。下班後，我自己還兼差在中古車行賣車，身兼二職就是希望可以多賺點錢！

入獄前，我的身分是學生，唯一的工作經歷就是在八大行業打工；出獄後，我只想要腳踏實地的工作。若問我說：「腳踏實地的賺薪水，難嗎？」對我來說不難，但是對於一些以前月入十多萬、數十萬的人來說，現在付出一樣的時間，卻只能月入幾萬元，對於放不下過去的人來說，這的確很難過心裡的那一關！

很多人說更生人很難找工作，我覺得都是自己的心

態問題。

若說現實社會有職場霸凌，那監獄理的霸凌更可怕，在裡面都熬過來了，外面根本就是小菜一碟了！也許是我運氣比較好，出獄後找工作有親友可以幫忙介紹，讓我少走冤枉路，但我認為只要你肯做，就有機會謀生！

對我來說，心境的調整非常重要。再者，我也不想再讓家人失望，父母年紀大了，不能再讓他們擔心了！畢竟我被關了近12年，我虧欠最多的就是家人，對於未來的期許，就是「按部就班」，孝順父母，平實的過生活。現在的我，也有一個交往穩定的女友，對於我的過去，我也沒有隱瞞，我現在只求穩定的生活，行有餘力再和阿樹一起行善社會。

人生沒有後悔藥，因此，我在獄中就發誓不要再碰毒品、也不走回頭路，人生短短幾十年，能有幾個第二次？珍惜當下、腳踏實地，我相信我也能重寫我的人生。

錢柏均 /販毒遭逮被判22年頓悟 身兼二職腳踏實地求新生

重生效應
自己的人生就要自己定義
十位更生人重新定義人生的精采展現

主　　編：卓天仁
作　　者：何金樹、林孟偉、張登凱、張逸忠、曾敬道、楊國輝、廖國斌、
　　　　　劉文中、蔡林良、錢柏均
封面設計：王志強
文字整理：陳珈螢
書法字體：卓天祥
攝影藝術：陳偉祥Sean Tan
發 行 人：吳心芳

出　　版：巔峰潛能有限公司
地　　址：台北市大安區和平東路三段109號11樓之2
電　　話：02-2737-3743
傳　　真：02-2737-5208
E-mail：beyondtim@gmail.com

代理經銷：白象文化事業有限公司
電　　話：04-2220-8589
傳　　真：04-2220-8505
印　　刷：中華印刷
初　　版：2022年8月
售　　價：新台幣 350 元

ISBN 978-986-06183-4-1（平裝）
本著作之全球中文版（含繁體及簡體
版）為巔峰潛能版權所有，翻印必究

國家圖書館出版品預行編目(CIP)資料

重生效應：自己的人生就要自己定義 十位更生人重
新定義人生的精采展現 = Rebirth effect / 何金樹,
林孟偉, 張登凱, 張逸忠, 曾敬道, 楊國輝, 廖國斌,
劉文中, 錢柏均, 蔡林良合著 ; 卓天仁主編. -- 初版.
-- 臺北市 : 巔峰潛能有限公司, 2022.08
192 面 ; 15 x 21 公分
ISBN 978-986-06183-4-1(平裝)
1.CST: 臺灣傳記 2.CST: 人物志
783.31　　　111012224

巔峰潛能有限公司

BE A COMMERCE GOD